Dello stesso autore in BUR Rizzoli

Le opere e i giorni. Lo scudo di Eracle

Esiodo

TEOGONIA

Introduzione, traduzione e note
di Graziano Arrighetti

Testo greco a fronte

BUR Rizzoli classici greci e latini

ISBN 978-88-17-12468-3

Titolo originale dell'opera:
ΘΕΟΓΟΝΙΑ

Prima edizione BUR Classici greci e latini 2004
Ventesima edizione BUR Classici greci e latini gennaio 2016

«... soprattutto mi è parso importante
dimostrare che la *Teogonia*, così come ci
sta davanti, è un tutto poetico in sé concluso».

CARL ROBERT

INTRODUZIONE

POESIA E AUTOBIOGRAFIA

Secondo una tecnica biografica che gli antichi prediligevano, era uso cercare di individuare i riflessi delle vicende della vita di un autore nelle sue opere e, reciprocamente, si cercava di capire e ricostruire le vicende biografiche tramite le opere. Riguardo a Esiodo l'antichità non ci ha tramandato una ricca documentazione biografica – quanto abbiamo, infatti, è rappresentato o da compilazioni particolarmente magre (Lessico di Suida, X sec. d.C.) o particolarmente tarde (la biografia di Tzetzes, XII sec. d.C.) o da quella singolare composizione che è il *certamen Homeri et Hesiodi* che non costituisce nemmeno una vera e propria biografia – ma saremmo curiosi di sapere come e fino a che punto la produzione biografica antica sfruttava i dati relativi a se stesso che, incominciando dal suo nome (*Teog.* 22 sgg.), Esiodo ha inserito nelle sue opere, dati dei quali egli aveva fatto, per primo nella storia letteraria dell'Occidente, motivo, ispirazione e giustificazione del suo canto.

Consideriamo per prima cosa il fatto in sé che Esiodo abbia, nelle sue opere, parlato di se stesso: è un tratto che, di fronte alla tradizionale anonimità dell'aedo omerico, appare particolarmente importante. Con Esiodo è testimoniata per la prima volta una maniera nuova di collocarsi, da parte del poeta, nei confronti della tradizione letteraria, una maniera che non è detto debba consistere tutta in una contrapposizione polemica, ma della quale, certo, una forte componente è rappresentata da un distacco critico, come si ricava dalle parole rivolte dalle Muse al poeta nel proemio della *Teogonia*, quando le dee garantiscono ad Esiodo il dono della verità che agli altri poeti non era per niente assicurato:

«o pastori, cui la campagna è casa, mala genìa, solo ventre;
noi sappiamo dire molte menzogne simili al vero,
ma sappiamo anche, quando vogliamo, il vero cantare».
Così dissero le figlie del grande Zeus, abili nel parlare,
e come scettro mi diedero un ramo d'alloro fiorito,
dopo averlo staccato, meraviglioso; e m'ispirarono il canto
divino, perché cantassi ciò che sarà e ciò che è.

Se dunque in Omero il favore della divinità distingueva il poeta da tutti gli altri uomini, in Esiodo è lui, il poeta Esiodo, che grazie al dono di verità delle Muse si distingue da tutti gli altri poeti. Conseguentemente, il primo fatto riguardante la sua vita di cui Esiodo ci parla, all'inizio della *Teogonia*, e cioè l'incontro con le Muse e l'investitura poetica (vv. 22-34), non rappresenta un puro e semplice dato biografico, ma la motivazione e il fondamento della sua presunzione a fare un tipo diverso di poesia, a rappresentare, lui stesso, un tipo di poeta differente da quello che la tradizione conosceva.

Al luogo dove era avvenuto l'incontro con le Muse – il monte Elicone – e a quel momento fondamentale della sua vita Esiodo ritorna nel corso della sua opera, e precisamente in *Opere* 648-662:

io ti dirò le leggi del mare molto sonante,
sia pure di navigazione inesperto ed anche di navi;
mai infatti finora su nave l'ampio mare percorsi
se non verso l'Eubea da Aulide...

là io per le gare in onore del forte Anfidamante
per Calcide m'imbarcai...
là, io ti dico,
con l'inno vincendo riportai un tripode orecchiuto
che consacrai alle Muse eliconie
là dove dapprima m'iniziarono al canto sonoro;
tanto ho esperienza delle navi molto chiodate;
ma pure ti dirò di Zeus egioco la mente
perché le Muse m'insegnarono a cantare un inno meraviglioso.

Come si vede, le circostanze che occasionano il ricordo di quell'evento meraviglioso sono particolarmente significative: di fronte alla difficoltà di rivelare fedelmente la volontà di Zeus riguardo all'attività della navigazione, della quale il poeta ha scarsa esperienza, torna alla sua antica consacrazione alle Muse e agli insegnamenti che allora ricevette dalle dee e poi all'altra occasione in cui, a conferma e a rinnovamento di quella consacrazione, aveva dedicato a loro il tripode conseguito nelle gare poetiche per Anfidamante, il primo riconoscimento – si sarebbe tentati di pensare – ricevuto per la sua arte.

Anche in questo caso, dunque, il dato biografico trascende di gran lunga il suo significato più ovvio e immediato per assumere, in questo contesto, il valore di un richiamo alle origini della sua ispirazione poetica. In circostanze di analoga difficoltà l'aedo omerico di *Iliade* 2, 484 sgg. o quello di 16, 112 sgg. invoca l'aiuto delle Muse in maniera ingenua e immediata, perché forniscano la loro assistenza consistente nel puro e semplice suggerire ciò che è difficile a dirsi o rammentare ciò che la memoria non sa ritenere; Esiodo invece, sulla base di un rapporto con la divinità meno immediato e più lontano, anche se certamente più profondo, si rifà a quel momento e a quelle circostanze in cui era divenuto poeta e in cui la divinità lo aveva dotato per sempre di qualità e possibilità eccezionali. Quello dell'investitura a poeta è insomma un tratto biografico che rivela e coinvolge tutta una concezione di poetica nuova e soprattutto più meditata e approfondita.

In una connessione ancor più stretta e organica con fatti della vita di Esiodo è legato il contenuto delle *Opere*. Si tratta della lite col fratello Perse a causa della spartizione dell'eredità lasciata dal padre il quale, fuggito da Cuma eolica, si era trasferito in Beozia trasformandosi da commerciante in contadino. Questa vicenda della lite col fratello doveva aver avuto diverse peripezie che si erano protratte nel tempo e delle quali le differenti fasi non sono tutte facili a ricostruirsi tramite i vaghi accenni che Esiodo fa ad esse nella prima parte dell'opera, perché da un certo punto in poi non se ne parla più. Tutto quello che possiamo sapere di abbastanza certo è che, dopo la spartizione, ad Esiodo era stato intentato da parte del fratello un processo e che i giudici erano stati corrotti da questo perché emettessero una sentenza a lui favorevole. Esiodo procede da questa circostanza e la innalza al significato di evento paradigmatico in cui si sono rivelate certe tendenze negative che condizionano l'agire dell'uomo e da questa circostanza, per contrasto, prende lo spunto e l'occasione per delineare un'immagine del mondo quale dovrebbe essere e quale egli vorrebbe che fosse.

LA «TEOGONIA» NELLA PRODUZIONE ESIODEA

Delle opere che, intere o frammentarie, ci sono giunte di Esiodo e della cui autenticità gli antichi non dubitavano — cioè la *Teogonia*, il *Catalogo delle donne* (o *Eèe*) e *Le opere e i giorni* — alcuni indizi fanno ritenere che la *Teogonia* sia la più antica. Prima di tutto per il rapporto fra quest'opera e il *Catalogo delle donne*. Che il *Catalogo* fosse stato concepito per costituire il seguito della *Teogonia* appare indubbio: a quella è collegato organicamente da un proemio che suona:

ora cantate la stirpe delle donne, o dolci nel canto,
Muse d'Olimpo, figlie di Zeus egioco
(*Teog.* 1021 sg. = fr. 1, 1 sg. M.-W.)

il quale proemio, piuttosto che segnare un vero e proprio inizio di un'opera a sé e indipendente, con quell'attacco «ora» appare annunziare un nuovo tema nell'ambito di un'ampia esposizione già iniziata. Per quanto riguarda poi *Le opere* non paiono esserci dubbi che quando Esiodo al v. 11 di quest'opera si corregge riguardo al fatto che nel mondo non c'è un solo genere (γένος) di contese, ma due, una buona e un'altra cattiva, alluda a *Teog.* 225, dove si parla di una sola Contesa «dal cuore violento» e della quale specifica il γένος in quanto la dice figlia di Notte.

Questi dati di fatto testimonianti nel senso di una successione *Teogonia* - *Catalogo* - *Opere e giorni* si accordano, sembra, assai bene con un certo sviluppo del disegno generale che il contenuto delle tre opere segue. Esse infatti sono accomunate dal medesimo intento di proporre un'interpretazione sistematica rispettivamente del mondo fisico e di quello divino, della realtà etnografica e infine del mondo etico dell'uomo. Anche il *Catalogo delle donne*, dunque, da più di un punto di vista, si rivela perfettamente coerente con il resto della produzione esiodea e ormai si ha la sensazione che il peso della dimostrazione gravi tutto sulle spalle di coloro che sostengono la non autenticità dell'opera[1].

[1] Basterà citare alcune parole di R. Merkelbach in «Chron. Ég.» 43 (1960) p. 155 in una ricerca che ha fornito uno dei più seri contributi all'intelligenza generale del *Catalogo*: «La sistematica di questi vasti alberi genealogici che si connettono in ingranaggio suscita ammirazione [...]. Nella sostanza si tratta di un lavoro uniforme, costruito su un piano ben stabilito, che in ogni modo sfruttava su vasta scala un materiale più antico». Di Merkelbach è da cfr. ancora il contributo in «Zeitschr. Pap. Ep.»

Ma torniamo alla *Teogonia*. Se vediamo bene riguardo a questo disegno generale e organico in cui le tre opere rientrano, non pare dubbio che la *Teogonia* debba occupare il primo posto nella produzione esiodea a noi giunta. Altri[2] hanno pensato di poter procedere oltre e hanno voluto collocare la composizione di quest'opera in una circostanza ben precisa di cui parla Esiodo stesso. Vediamo di che si tratta. Dice dunque il poeta nel passo autobiografico di *Opere* 650-659 che abbiamo già avuto modo di citare, di aver partecipato a Calcide, nell'isola di Eubea, alle gare indette in occasione della morte del re Anfidamante e di aver vinto un tripode nell'agone poetico. È un evento, questo della morte di Anfidamante, che con qualche approssimazione può essere collocato negli ultimi decenni del sec. VIII a.C. Secondo Martin West, recente editore e commentatore della *Teogonia*, proprio la *Teogonia* sarebbe stata recitata in quell'occasione e gli indizi che farebbero pensare così sono i seguenti: 1) in *Teog.* 430 e 434 vengono pronunziate parole di elogio per i re; il fatto che questo elogio si trasformi nelle aspre invettive che, sempre nei confronti dei re, vengono pronunziate nelle *Opere* («re mangiatori di doni»), fa pensare che Esiodo adattasse il suo dire all'uditorio che lo ascoltava e che quindi quello della *Teogonia* fosse un uditorio regale; 2) in *Teog.* 98 sgg. Esiodo accenna al fatto che la poesia può distogliere dalle pene e dai dolori: questi sarebbero

3 (1968) pp. 126 sgg. Sostenitore dell'idea che il *Catalogo* sia da collocare nel VII o addirittura nel VI sec. a.C. è K. Stiewe, in «Philol.» 106 (1962) pp. 231 sgg. e 107 (1963) pp. 1 sgg. e spec. pp. 20 sgg., ma gli argomenti portati da questo studioso o sono di una clamorosa arretratezza, come l'osservazione che nella lingua poetica sono riscontrabili alterazioni della dizione epica, il che proverebbe che abbiamo a che fare con un tardo imitatore, o sono falsi, come il fatto che il *Catalogo* sembra talora ispirarsi ad una visione pessimistica del destino dell'uomo, cosa che lo accomunerebbe alla poesia della fine del VII o degli inizi del VI sec. a.C., come se Esiodo in *Teog.* 603 sgg. non fosse pessimista nello stesso modo o se le *Opere* non fossero tutte improntate a questo tipo di pessimismo.

[2] Cfr. *Hesiod., Theogony* by M.L. West, Oxford 1966, pp. 44 sgg.

pensieri diretti ai congiunti del morto Anfidamante; 3) nell'inno a Ecate di *Teog.* 411 sgg. Esiodo enumera varie categorie di persone particolarmente protette dalla dea, e fra queste re, guerrieri e specialmente cavalieri, e poi atleti, pescatori; ebbene, ad Ascra, piccolo e povero villaggio dell'interno della Beozia, non c'erano pescatori, sull'Elicona non c'erano cavalli, ma ai giochi in onore di Anfidamante c'erano guerrieri e cavalieri, re, atleti e – continua West – riguardo ai pescatori, anche se non possiamo essere sicuri che fossero presenti, resta il fatto che il mare era vicino. Di questi argomenti non ce n'è uno che sia da prendersi minimamente sul serio: 1) se l'elogio dei re che compare nella *Teogonia* fosse pronunziato per pura convenienza, anche lo sdegno contro i medesimi re delle *Opere* potrebbe avere la stessa motivazione e allora Esiodo sarebbe un mistificatore e soprattutto non si riuscirebbe a immaginare quale avrebbe dovuto essere l'uditorio che, nelle *Opere*, suggeriva al poeta questo mutamento di atteggiamento; 2) che la poesia sia consolazione non era un'idea che Esiodo esprimeva per la prima volta; già in Omero questo potere consolatorio costituiva il tratto caratterizzante della poesia[3] e in Esiodo rappresenta un'eredità; ciò dimostra il v. 55 della *Teogonia*, dove tale caratteristica della poesia viene proclamata in generale, a prescindere da qualunque circostanza o situazione particolare, e viene confermata dal fatto che ai vv. 80-93 la figura e l'opera dei monarchi è equiparata a quella dei poeti e viene detta anch'essa esplicarsi nel placare e rasserenare gli animi; 3) se la scelta delle categorie di persone protette da Ecate fosse stata condizionata dal tipo di uditorio presente bisognerebbe pensare che, mutando questo, Esiodo avrebbe dovuto mutare anche quelle categorie, cioè, in altre parole, egli avrebbe cambiato le attribuzioni e le competenze (τιμαί) della dea a seconda che cambiasse l'uditorio.

[3] Cfr. H. Maehler, *Die Auffassung des Dichterberufs im frühen Griechentum bis zur Zeit Pindars*, Göttingen 1963, pp. 44 n. 3.

Una conclusione evidentemente ridicola. E poi, su un piano generale, questa idea che i contenuti della poesia esiodea fossero così rozzamente dipendenti dal luogo e dalle circostanze non ha alcuna plausibilità né fondamento; nello stesso modo *Le opere e i giorni* non avrebbero mai dovuto essere recitate ad Ascra dal momento che ai vv. 639 sg. la si dice «triste borgo, cattivo d'inverno, d'estate penoso, mai piacevole». Infine c'è da dire che uno dei tratti che caratterizzano la maniera di far poesia di Esiodo nei confronti dell'aedo omerico è proprio un senso di decisa autonomia nei confronti dell'uditorio. Esiodo, è stato detto giustamente, non ha un pubblico già stabilito, con le sue esigenze e le sue «attese» che pretendono di essere soddisfatte[4], ma è il poeta che, proclamando il suo messaggio di verità sia nella *Teogonia* (vv. 26 sgg.) che nelle *Opere* (v. 10), propone un programma l'adesione al quale rappresenta in fondo un atto di scelta. Non è più il pubblico destinatario che condiziona il canto del poeta, ma è l'accettazione del programma del poeta che distingue il suo pubblico. Per concludere, allo stato dei fatti, al di là del dato ragionevole sulla cronologia relativa della *Teogonia*, nell'ambito della produzione esiodea non è saggio andare.

GLI ANTECEDENTI DELLA «TEOGONIA»

Poco sopra abbiamo detto che la *Teogonia* rappresenta un'interpretazione sistematica del mondo fisico e di quello divino; ora è venuto il momento di fare qualche considerazione sulle motivazioni ultime e sulle suggestioni che possono aver agito sul poeta nel comporre un'opera come questa. Va detto subito che la *Teogonia*, nonostante sia un'opera sugli dèi, non è un'opera di religione, almeno nei limiti in cui

[4] Cfr. Maehler, *Die Auffassung* cit., p. 43.

può esser tale un poema della Grecità arcaica che ha per tema appunto gli dèi.

Esiodo non manifesta nessun sentimento di particolare pietà o venerazione per le divinità di cui parla e di cui narra la potenza, ad eccezione, naturalmente, delle Muse, che sono le sue dirette protettrici. Le motivazioni che stanno alla base della sua ispirazione sono altre e hanno le loro origini in una eccezionale capacità di considerare il mondo e di domandarsi come è divenuto quello che è; e dare una risposta a questa domanda, per un poeta dell'VIII secolo, non poteva che equivalere a immaginare un complesso di atti, di manifestazioni, di interventi di un mondo di dèi ciascuno dei quali, col suo essere e col suo agire, dà esistenza e ragione dei fatti di cui si compone la realtà: di questa multiforme realtà gli dèi rappresentano ad un tempo la personificazione e l'ipostasi e sulle varie parti di cui essa si compone ognuno di essi esercita la sua giurisdizione, la sua τιμή. D'altra parte la realtà si presenta, nelle sue varie manifestazioni, organicamente concatenata e connessa, per cui ecco i rapporti genealogici delle divinità che, come si è detto, della realtà rappresentano l'ipostasi e le personificazioni.

L'immagine del mondo fisico e divino da cui parte Esiodo è quella descritta e presupposta da Omero: «lo Zeus di Esiodo è lo Zeus di Omero e qualcosa di più, ma anche questo "di più" può essere interpretato come uno sviluppo di quel carattere di Zeus che è emerso nell'epos eroico»[5] e le stesse parole e lo stesso concetto possono essere più o meno applicati a molte delle divinità esiodee. Accanto a Zeus lo stuolo degli dèi minori: Era, Atena, Apollo, Artemide, Ares. Non solo, da alcuni luoghi dell'*Iliade* particolarmente significativi a questo proposito, come 15, 187 sgg., noi veniamo a conoscenza che Omero sapeva altre cose, relativamente al mondo degli dèi, che però non sembra aver avuto modo o interesse a sviluppare più ampiamente oppure alle

[5] Cfr. Fr. Solmsen, *Hesiod and Aeschylus*, Ithaca, N.Y. 1949, p. 7.

quali si limita ad accennare, ma che sono assai interessanti perché vediamo che poi vengono più ampiamente trattate nella *Teogonia*. Dunque, in *Iliade* 15, 187-193, in occasione di un discorso rivolto a Iris, Posidone ha modo di dire:

Tre sono i figli di Crono che Rea generò,
Zeus, io, e terzo l'Ade signore degli inferi.
E tutto in tre fu diviso, ciascuno ebbe una parte:
a me toccò di vivere sempre nel mare canuto,
quando tirammo le sorti, l'Ade ebbe l'ombra nebbiosa,
e Zeus si prese il cielo fra le nuvole e l'etere;
comune a tutti la terra e l'alto Olimpo rimane.
(trad. Calzecchi Onesti)

Dunque anche Omero conosce un'altra generazione di dèi anteriore a quella degli Olimpî a cui appartenevano Crono e Rea; sapeva che Zeus, Ade e Posidone erano loro figli e che ciascuno di loro, come sua *timé*, aveva avuto in sorte una parte del mondo. In altri passi, sempre dell'*Iliade*, Omero accenna al fatto che c'era stata una lotta fra Zeus e Crono e che quest'ultimo, sopraffatto, era stato cacciato dal dio vincitore sotto la terra (cfr. libro 14, 203-204); che insieme a Crono altre divinità erano state confinate in quel luogo (id. 274) e che queste erano i Titani (id. 278). Ancora. A differenza di quanto possiamo leggere nella *Teogonia* esiodea (vv. 126 sgg.), dove il ruolo della coppia primigenia è attribuito a Gaia e a Urano, in *Iliade* 14, 200 sgg. (cfr. anche 246 e 301), noi vediamo che la denominazione di «origine degli dèi» è attribuita a Oceano e quella di «madre» a Teti. Segno questo che Omero era a conoscenza anche di tradizioni teogoniche diverse, che Esiodo aveva poi tralasciato o modificato o ignorato e che, corrispondentemente, Esiodo aveva a disposizione un vario patrimonio di tradizioni mitologiche dal quale poteva liberamente e secondo i suoi interessi attingere. Certo, se davvero, come crediamo, la *Teogonia* costituisce un tentativo di rappresentazione, *sub specie divina*, del mondo fisico, di ordinamento di esso in una visione organica, può non essere casuale il fatto che il ruolo di prime entità sia assunto nella *Teogonia* da Gaia e Urano, cioè da terra e cielo, e che ambedue siano detti (cfr. vv. 117 sg. e 128) «sede sicura degli dèi»: nella delineazione di un processo teogonico razionale e organico è troppo naturale che le prime posizioni siano occupate da quelle entità destinate a ricoprire il ruolo di personificazioni delle sedi nelle quali si svolgeranno le gesta e i fatti che dovranno darsi. Certo, al di là delle somiglianze e delle differenze nelle linee generali dei miti, non vanno trascurate certe diversità di importanza, ruolo e funzioni che le entità divine esiodee presentano rispetto a quelle omeriche, e si ha il fondato sospetto che proprio in questa attribuzione di differente ruolo e importanza alle varie entità divine sia da identificarsi l'impronta più propriamente personale del poeta d'Ascra nei confronti del materiale che la tradizione gli aveva consegnato. Così, per quanto riguarda Zeus, nella *Teogonia* il suo potere e il suo prestigio sono tali che apparirebbe inconcepibile un discorso come quello tenuto da Posidone nel passo dell'*Iliade* che abbiamo visto, un discorso che adombra la possibilità di una sua contrapposizione nei confronti del re degli dèi: oltre tutto il resto, nella *Teogonia* la divisione del mondo in tre parti ciascuna delle quali costituisce il dominio, la *timé* rispettivamente di Zeus, Posidone, Ade non è frutto della sorte, ma conseguenza precisa di un atto di volontà di Zeus: «gli dèi beati... allora esortarono Zeus dal vasto sguardo... a prendere il regno e il dominio degli immortali, ed egli ripartì fra loro gli onori» (vv. 883 sgg.). Per concludere, dunque, pare di dover pensare che sia Omero che Esiodo avevano a disposizione un vasto e vario patrimonio mitologico e nei confronti di questo ciascuno di loro assunse la sua propria posizione sia nello scegliere o tralasciare fatti e personaggi, sia modificando ruoli e importanza di fatti e personaggi prescelti. «Costoro» dice Erodoto (II 53) a proposito di Omero e Esiodo «sono quelli che crearono per i Greci la storia della nascita dei loro dèi, e diedero loro i nomi e distinsero le loro competenze e la loro attività e ne indicarono l'aspetto». Però, anche per quanto riguarda questo giudizio sui due poeti relativamente alla formazione del patrimonio mitologico della civiltà greca, l'affermazione di Erodoto che attribuisce a loro un ruolo preciso di *pròtoi heuretaì*, crediamo vada intesa nella stessa maniera in cui devono essere interpretate molte analoghe asserzioni che gli antichi pronunziavano riguardo ad altri fatti, propri dello sviluppo della civiltà umana, per il verificarsi dei quali essi tendevano a identificare nell'opera di una singola personalità l'elemento decisivo e l'intervento determinante. Infatti il progresso degli studi, con la conseguente acquisizione di nuova documentazione archeologica e con la conoscenza di nuovi testi, ha permesso di rendersi conto di quale mole di speculazione cosmologica e teogonica stava dietro alle spalle di Esiodo, risalente soprattutto a civiltà anteriori e diverse da quella greca, cioè quelle del Vicino Oriente, che noi sappiamo ormai chiaramente essere state in contatto lungo e fecondo con questa[6].

È in questo contatto di civiltà e di tradizioni che Esiodo va inserito, e alla luce di questo va valutata la sua produzione teogonica il che obbliga, crediamo, a deporre infine certi clichés ormai non più accettabili, come quello per cui la sua era considerata come una «poesia appartata e provinciale, strana e rozza»[7], o quello, altrettanto diffuso, relativo a certo carattere di «primitivismo» che i contenuti della sua opera presenterebbero[8], un primitivismo che, in ultima analisi, sarebbe comprovato dall'aver fatto oggetto del suo canto

[6] Per una informazione generale sulla problematica relativa al rapporto fra Grecia e Oriente cfr. G. Pugliese Carratelli, *Scritti sul Mondo Antico*, Napoli 1976, pp. 3 sgg. e bibliografia.

[7] Cfr. H. Fränkel, *Dichtung u. Philosophie d. frühen Griechentums*, München 1962, pp. 104.

[8] Cfr. per es. R. Cantarella, *Elementi primitivi nella poesia esiodea*, in «Riv. Ind. Gr. Ital.» 1931, pp. 105-149.

temi sostanzialmente estranei al mondo religioso della Grecità, temi di cui sarebbe venuto a conoscenza tramite i racconti del padre, colono greco che aveva vissuto a lungo in una città della costa dell'Asia Anteriore, a Cuma, il quale, quindi, aveva avuto esperienza di altri popoli e di altre civiltà.

«Dall'oriente il padre portava la conoscenza di cose delle quali i contadini della Beozia non sapevano nulla»[9], si dice, e non ci si accorge che l'accettare certe idee significa attribuire a Esiodo due tratti perfettamente antitetici ed escludentisi vicendevolmente, quelli del rozzo contadino-poeta, legato alla gretta realtà agricola della Beozia e da quella fortemente condizionato, e nello stesso tempo quello di cantore di eventi strani e inauditi, di temi e figure propri di altre civiltà e religioni e di altre culture per un destinatario che non si vede come avrebbe potuto capirlo. In realtà si ha la sensazione ormai che anche per quanto riguarda il fenomeno Esiodo, la ricchezza della cultura alla quale egli attingeva, vivificata da secoli e secoli di contatti e di scambi fecondi con le civiltà del Vicino Oriente, fosse tale da permetterne il verificarsi come cosa del tutto naturale. E anche se vogliamo – ma noi non crediamo giusto il farlo – considerare e misurare Esiodo nella ristretta prospettiva del mondo culturale della Beozia dell'VIII secolo a.C., non dimentichiamo che questa regione era stata uno dei luoghi dove più fiorente si era sviluppata la civiltà micenea, dove le tradizioni più varie che questa aveva assorbito e di cui si era fatta tramite potevano aver lasciato di sé una tale eredità per cui Esiodo ad essa era in grado di attingere per una produzione poetica che il destinatario era perfettamente in grado di capire e accogliere.

Il problema dunque non è tanto quello di spiegare il sorgere di una personalità come quella di Esiodo, ma di porre questa in un corretto rapporto con tutta la produzione del-

[9] Cfr. ancora Fränkel, *Dichtung* cit., p. 105.

l'epica tradizionale, quella omerica, tanto per intendersi; un rapporto che secoli di schematizzazioni storico-letterarie hanno collocato sotto una luce falsa e traendone conclusioni fondamentalmente fuorvianti nel senso che la comprensione e la valutazione della poesia esiodea sono state troppo condizionate dal confronto con Omero. Ancora in un'opera che in queste pagine abbiamo avuto occasione più volte di citare, quella di Hermann Fränkel sulla poesia e la filosofia della Grecità arcaica, nelle pagine dedicate a Esiodo, si possono leggere parole come queste: «la forma letteraria è quella epica, ma lingua verso e stile presso Esiodo sono inselvatichiti... al lettore le sue opere appaiono considerevolmente lunghe perché i soggetti sono vari, la connessione complicata e la comprensione delle parole è spesso difficile». In realtà giudizi più ingiusti di questo difficilmente avrebbero potuto essere pronunziati: tutto quello che Fränkel trovava di peggiorato in Esiodo rispetto ad Omero, invece, non è nulla di diverso dalla conseguenza dell'evoluzione e dei mutamenti che avevano subito strumenti creati per esprimere i contenuti dell'epica tradizionale, secondo i modi e le esigenze di questa, una volta che dovevano servire a comunicare il diverso mondo di idee esiodeo.

ESIODO E LA TRADIZIONE POETICA

Su questo problema del rapporto fra Esiodo e la tradizione poetica precedente vale la pena fermarsi ancora un po'. Abbiamo visto dunque che da parte di tutto un filone della critica il confronto con Omero portava ad una considerazione fortemente riduttiva del valore e delle qualità del poeta d'Ascra. A questa conclusione studi recenti, risalenti agli ultimi decenni[10], hanno cercato di sfuggire proponendo di affran-

[10] C.O. Pavese, *Tradizioni e generi poetici della Grecia arcaica*, Roma 1972, e *Studi sulla tradizione epica rapsodica*, Roma 1974, che in

care Esiodo appunto da questo mortificante confronto con lo splendore omerico per inserirlo in un filone di tradizione letteraria diversa da quella dell'epica eroica, una tradizione poetica continentale – ben distinta dunque da quella omerica della Ionia – parallela e indipendente rispetto a quella eroica, discendente *recta via* da quella micenea. All'appartenenza di Esiodo a questa tradizione sarebbero da attribuire tutti quei tratti che nella sua dizione poetica, nello stile, nel patrimonio di idee si allontana e si distingue da Omero. Esiodo considerato dunque non come testimonianza di una fase di decadenza dell'epica che con Omero aveva raggiunto il suo punto più alto, ma di una tradizione poetica indipendente che aveva avuto una sua storia e una sua evoluzione. A questa tradizione si è tentato anche di attribuire dei tratti e di ricostruirne in qualche modo la fisionomia valorizzando e sfruttando quanto nella produzione poetica continentale (soprattutto la lirica) si poteva enucleare di non omerico. Per quanto riguarda in particolare Esiodo e opere come la *Teogonia* e *Le opere e i giorni* è indubbio che alcuni caratteri fondamentali e immediatamente percepibili le diversificano dalla poesia omerica, come, tanto per fare qualche esempio, la struttura catalogica della prima e la presenza di elementi popolareggianti, come i proverbi, nella seconda. Ancora a proposito della *Teogonia* si potrà plausibilmente pensare che essa avesse alle spalle una tradizione[11] di poesia religiosa capace di esercitare su quest'opera, in un modo o nell'altro, un'influenza anche notevole. Ma quali che possano essere state l'entità e l'importanza di queste tradizioni letterarie anteriori ad Esiodo, quello che impedisce di trasferire ed applicare a lui nei confronti di questa ipotetica tradizione poetica continentale un tipo di rapporto

queste due opere proseguiva nella direzione intrapresa da J.A. Notopoulos, *Homer, Hesiod and the Achaean Heritage of Oral Poetry*, in «Hesperia» 29 (1960) pp. 177-197.

[11] Per antecedenti orientali cfr. oltre, pp. 29 sgg. e P. Meriggi, *I miti di Kumarpi, il Kronos currico*, in «Athenaeum» N.S. XXXI (1953) pp. 101 sgg.

in qualche modo analogo a quello che l'aedo omerico intratteneva con la tradizione di poesia eroica, un rapporto di completa adesione e identificazione, con la conseguente rinuncia a distinguere la propria individualità poetica nei confronti di quella, è la dichiarata volontà, da parte di Esiodo, di seguire l'intento diametralmente opposto, cioè quello di distinguere sé da tutti gli altri poeti, e quindi anche dalla tradizione che quelli potevano incarnare. Cerchiamo di capire meglio per mezzo di un confronto con Omero. In *Odissea* 1, 351-2 si legge:

perché quel canto più lodano gli uomini,
che agli uditori suona intorno più nuovo
(trad. Calzecchi Onesti)

parole che potrebbero parere significare un'ampia libertà da parte del poeta di scegliere i temi del suo canto sia pure in funzione del diletto dei suoi ascoltatori.

Ma basta dare un'occhiata al contesto in cui queste parole sono inserite per capire i limiti di questa apparente libertà del poeta: egli potrà, sì, scegliere, ma solo nell'ambito limitato dei temi tradizionali relativi alle imprese degli uomini, tutt'al più aggiungendo, al suo repertorio, gli ultimi fatti accaduti, come nel caso specifico quelli relativi al ritorno degli eroi da Troia.

In Esiodo la situazione è ben diversa e per rendersi conto di questo il proemio della *Teogonia* ha un'importanza fondamentale. Prima di tutto – e con ciò ripetiamo osservazioni in parte già avanzate – qui Esiodo, rompendo la convenzione della tradizionale anonimità dell'aedo omerico, dichiara il suo nome e parla di sé; e ciò significa, già di per sé, un preciso intento di distinguersi dalla tradizione, anche se non di contrapporvisi; non solo, ma quando egli introduce le Muse che promettono di rivelargli la verità, il distacco assume chiaramente i caratteri di una rottura: se il poeta, nella concezione di Omero, si distingueva grazie al favore divino da tutti gli altri uomini, Esiodo distingue se stesso da tutti gli altri poeti e ad essi si contrappone sulla base del dono della verità che sa di possedere. Tutto ciò impone di distinguere bene fra l'atteggiamento dell'aedo omerico nei confronti della tradizione dell'epica eroica nella quale si identificava e si annullava, e quello di Esiodo rispetto a quella — qualunque ne fosse stata l'importanza — che si usa chiamare tradizione poetica continentale. Non solo, ma a ben guardare questa vigorosa affermazione esiodea della propria personalità coincide con il sorgere, con lui, di un ideale poetico diverso, quello che impronta tanta parte di quel tipo di poesia che chiamiamo lirica la quale permette e quasi impone al poeta di esprimere in maniera aperta e consapevole, e in prima persona, le sue idee e i suoi sentimenti riguardo alla divinità, al mondo, agli uomini. Ora pare chiaro che quanto più questa visione è personalizzata, quanto più essa tende a distinguersi da quella di altri — o anteporvisi — tanto più si pone l'esigenza, a chi la esprime, di proporre in maniera esplicita la propria personalità. Per quanto riguarda in particolare Esiodo egli adotta per primo un tipo di convenzione letteraria che gli permette di sottolineare molto fortemente questa componente personale della maniera di far poesia. Tutto il contenuto e il significato della sua missione di poeta sono condensati nel racconto autobiografico del nascere della sua vocazione durante l'incontro con le Muse.

In questa occasione, quasi seguendo un rituale, le dee, dopo essersi manifestate in un'atmosfera di mistero, compiono un atto formale di investitura affidandogli il compito di cantare la verità. La fedeltà a questa missione costituisce il programma che Esiodo segue e osserva anche nelle *Opere* come dimostra il fatto che, rivolgendosi a Zeus nel proemio — cioè nel luogo privilegiato delle affermazioni programmatiche — se al dio riconosce e affida il compito di difendere la giustizia, a sé rivendica ancora quello di dire la verità (vv. 10 sg.).

IL NUOVO MONDO DI IDEE. LA «TEOGONIA» E LE ORIGINI DEL PENSIERO GRECO

Fin qui ci è capitato ripetutamente di accennare al nuovo mondo di idee esiodeo e poco sopra abbiamo parlato della sua missione, del compito che Esiodo si sente affidato di cantare la verità. Ora, se non risulta difficile individuare un contenuto di idealità e verità etiche in un poema come *Le opere e i giorni* che ha per tema la posizione e il ruolo dell'uomo nel mondo, la cosa non è altrettanto agevole per quanto riguarda la *Teogonia*. Quale e di quale entità può essere il contenuto di verità ignoto agli altri di un poema che tratta degli dèi, vale a dire di una realtà a tutti nota e da tutti accettata? Quale può essere il mondo di idee nuove che anima e sorregge la *Teogonia*? Il che può significare anche: quanto ampi si presentavano a Esiodo i margini entro i quali operare le sue innovazioni? Sono domande, come si vede, che possono essere agevolmente condensate nella seguente: cosa c'è di nuovo, di particolarmente esiodeo nella *Teogonia*? Questo, ovviamente, costituisce uno dei problemi più difficili per la mancanza di termini di confronto e per la scarsità di dati che possano fornire l'idea del punto di partenza da cui muoveva Esiodo. Abbiamo Omero, è vero, ma, come abbiamo detto, altro è l'aspetto che di sé rivela il mondo degli dèi nell'*Iliade* e nell'*Odissea*, altri sono gli elementi di questo mondo che Esiodo mette in luce, per cui un confronto fra i due poeti a questo proposito rischia di essere stabilito fra entità non del tutto omogenee. In realtà la critica ha creduto di individuare grossi elementi di novità in Esiodo, e in particolare in quella delle sue opere che qui più ci interessa, e cioè la *Teogonia*, ma in un ambito particolare, quello della storia del pensiero[12]: Esiodo sarebbe stato in

[12] Cfr. per es. O. Gigon, *Der Ursprung d. gr. Philosophie*, Basel 1945, pp. 23 sgg., H. Diller, *Hesiod u. die Anfänge d. gr. Philosophie* in E. Heitsch, *Hesiod*, Wege der Forschung, Darmstadt 1966, pp. 688 sgg.

pratica l'iniziatore della filosofia greca. L'idea di coinvolgere i «primi teologi», cioè Omero e Esiodo, nelle origini della speculazione filosofica della Grecia non è nuova e risale addirittura ad Aristotele (cfr. per es. *Metafisica* l. I 983b 27 sgg. e 984b 23 sgg.), ma il problema non è di facile soluzione e va affrontato con grande cautela. Si dice che caratterizzante in senso 'filosofico' il pensiero di Esiodo nella *Teogonia* è la consapevolezza dell'esistenza di un principio di tutte le cose[13]; ma Aristotele, molto più correttamente, non attribuisce al solo Esiodo questa consapevolezza, bensì ne fa partecipe anche Omero quando in *Metaf.* 983b 27 parla di coloro che anticamente avevano fatto di «Oceano e Teti l'origine della generazione» alludendo evidentemente a passi come *Iliade* 14, 201, dove appunto Oceano e Teti vengono definiti rispettivamente «origine degli dèi» e «madre».

Perché allora disattendere la proposta di Aristotele e voler far incominciare tutto con Esiodo e non con Omero? Ma va precisato che nemmeno partire con Omero sarebbe del tutto corretto, dal momento che, come appare chiaro, anche Omero presuppone, in passi come quello appena citato, conoscenze e opinioni ampiamente accettate, e sarebbe necessario porsi a questo punto il problema delle fonti di Omero. Certe antiche cosmologie, come per es. quella di cui riferisce Filone di Byblos – che fa risalire il suo racconto ad un certo Sanchuniaton vissuto prima della guerra di Troia[14] – parlavano di uno stato originario della realtà ancora indistinta, sotto forma di aria ventosa e scura, dalla quale a poco a poco si sarebbero originate le singole cose. Con quale diritto allora si può far incominciare la speculazione filosofica con Esiodo e non piuttosto con certe mani-

Una netta distinzione fra la teologia esiodea e il pensiero greco arcaico è invece stabilita con argomenti e motivazioni diverse da quelle di cui ci serviremo nelle pagine seguenti da G. Vlastos in D. Furley & R.E. Allen, *Studies in Presocratic Philosophy* I, N.Y. 1970, pp. 92 sgg.

[13] Cfr. Gigon, *Der Ursprung* cit., pp. 22 sgg.

[14] Di questo racconto noi possediamo una versione greca presso Basilio, *prep. ev.* I 10, 1-6.

festazioni del pensiero cosmologico e cosmogonico del Vicino Oriente che senza dubbio alcuno costituiscono un antecedente valido del pensiero esiodeo e formalmente e contenutisticamente sono assai più vicine ad Esiodo di quanto non lo siano le opere e i problemi dei cosiddetti Presocratici?

Un altro dei tratti che caratterizzerebbero in senso 'filosofico' il pensiero di Esiodo sarebbe costituito dal forte impegno a dire la verità[15], così come appare sia dal preludio della *Teogonia* soprattutto (cfr. vv. 26 sgg.) che di quello delle *Opere* (cfr. v. 10). Anche in questo caso la realtà, a ben guardare, si presenta in maniera assai diversa: la pretesa di cantare la verità non è prerogativa esiodea nei confronti dei poeti suoi predecessori; il fatto che contraddistingue Esiodo è che in lui il problema della verità assume delle dimensioni e una complessità che erano ignoti per es. all'epica eroica di Omero. Cerchiamo di capire meglio[16]. L'aedo omerico non è che fosse meno impegnato nel fare della verità la caratteristica del suo canto, solo che la fiducia di conseguirla gli veniva in maniera ingenua e immediata dal suo rapporto privilegiato, altrettanto immediato e ingenuo, con la divinità ispiratrice che volta a volta di questa verità diventava garante. Sia il proemio dell'*Iliade* che quello dell'*Odissea* non rivelano alcuna esitazione nell'esprimere la sicurezza che la poesia conterrà cose assolutamente vere e in un noto passo dell'*Odissea* il protagonista rivolge parole significative a Demodoco, il cantore dei Feaci (l. 8, 487 sgg.):

[15] Cfr. Gigon, *Der Ursprung* cit., pp. 14 sgg., Diller, *Die Anfänge* cit., pp. 691 sgg.

[16] Per quanto segue cfr. Maehler, *Die Auffassung* cit. passim; G. Arrighetti, *In tema di poetica greca arcaica e tardo arcaica*, in «St. Class. Or.» XXV (1976) pp. 258 sgg., id. *Stesicoro, l'ispirazione divina e la poetica della verità*, in *Studi in onore di P.E. Arias*, Pisa 1982, pp. 105 sgg.

Demodoco, io t'onoro al di sopra di tutti i mortali.
Certo Apollo o la Musa, figlia di Zeus, ti istruirono,
perché troppo bene cantasti la sorte degli Achei,
quanto subirono e fecero, quanto penarono gli Achei,
come se fossi stato presente o te l'avesse narrato qualcuno.
(trad. Calzecchi Onesti)

Parole queste, come si vede, che presuppongono la assoluta veridicità del canto dell'aedo il quale si distingue rispetto agli altri mortali proprio per questo privilegio di ricevere il dono della conoscenza delle cose vere dalla divinità. Proprio nell'*Odissea*, però, questa concezione della funzione del poeta e del suo rapporto con la verità e la divinità, viene, nella pratica, messa in crisi: se la posizione privilegiata del poeta consiste nel suo conoscere le cose in modo veritiero, come se fosse stato presente al loro verificarsi, basterà che qualcuno narri cose delle quali è stato diretto testimone, quando non addirittura protagonista, e il suo narrare assumerà la stessa dignità di quello del poeta. E infatti ciò è quanto precisamente accade ad Odisseo alla corte di Alcinoo quando racconta le sue peripezie dopo la sua partenza da Troia. Tanto è vero che Alcinoo così commenta il racconto di Odisseo (l. 11, 363 sgg.):

O Odisseo, davvero noi non pensiamo, vedendoti,
che un ciurmadore o un furfante tu sia, come molti
la nera terra ne nutre, genti di tutte le razze,
fabbricatori di false avventure, di cui nessuno mai saprà
[nulla.
Ma tu hai bellezza nella parola e, dentro, saggi pensieri,
e il tuo racconto, come un aedo, con l'arte l'hai fatto.
(trad. Calzecchi Onesti)

e l'effetto che le parole di Odisseo suscitano negli ascoltatori è descritto così (l. 13, 1 sgg.):

Così narrava; e tutti rimasero muti, in silenzio,
erano vinti dal fascino nella sala ombrosa.
(trad. Calzecchi Onesti)

In tal modo appare chiaro che la poetica delle verità ispirata al poeta dalla Musa, poetica che si adattava così bene all'*Iliade*, con il suo contenuto di gesta avvenute in un lontano passato, si dimostra ormai inadeguata per un poema come l'*Odissea* che contiene grosse sezioni di racconti autobiografici, con la grave conseguenza che la figura del poeta veniva a perdere quel suo carattere di sacralità come depositario di conoscenze ignorate dagli altri. Pertanto, se questa sacralità doveva essere riconquistata, bisognava o fondarla su basi completamente diverse o rendere il possesso della verità conquista ancor più rara e difficile a conseguirsi di quanto non fosse per l'aedo omerico. Esiodo sceglie ovviamente questa seconda strada e del problema del suo rapporto con la divinità e con la verità dà una soluzione più meditata e approfondita, proprio nel proemio della *Teogonia*: la sua posizione di privilegiato dalle Muse non si fonda sul fatto che egli conosce cose che gli altri uomini ignorano, la veridicità delle quali è automaticamente garantita dal fatto che le Muse, in quanto divinità, sanno tutto, ma in quanto esse scelgono proprio Esiodo per trasmettergli un messaggio di verità che può venir negato a tutti gli altri poeti. Esiodo dunque contrappone sé, non agli altri uomini, ma a tutti gli altri poeti. È chiaro dunque che il tema della verità delle cose conosciute dal poeta ha ben altro rilievo e, si sarebbe tentati di dire, ben altra drammaticità e il problema delle ragioni di questa scelta delle Muse – perché Esiodo e non un altro? – anche se non perviene mai ad una piena consapevolezza, fa sentire in qualche modo la sua presenza sotto l'aspetto dell'orgoglio appassionato con cui Esiodo vive il privilegio della rivelazione.

Se vediamo bene, sono questi i limiti precisi entro i quali va posto il problema della pretesa alla verità che Esiodo affronta; a ben guardare, nulla di sostanzialmente diverso rispetto a Omero, solo un approfondimento più consapevole delle motivazioni ultime di una professione sentita come missione, di un fare poesia che assume la dignità di un'appassionata predicazione. E d'altronde basta considerare l'importanza e il significato che avrà nella produzione poetica posteriore a Esiodo, da Stesicoro a Pindaro a Bacchilide, il problema della verità, per rendersi conto, anche per questo verso, che Esiodo è pienamente inserito nello sviluppo della tradizione letteraria della Grecità e che questa sensibilità per il problema della verità costituisce tutt'altro che un motivo per fare di lui l'iniziatore del pensiero filosofico greco.

Certo, è perfettamente giusta l'osservazione che il problema della verità è drammaticamente presente anche in Parmenide, il quale della proclamazione di un messaggio veritiero fa il programma della sua opera[17], ed è altrettanto vero che si deve pensare che Parmenide avesse ben presente Esiodo; ma ciò non dimostra altro che è Parmenide a rifarsi volutamente e coscientemente alla tradizione di contenuti, oltre che di forme, dell'epos esiodeo, e solo in questo senso si può anche dire che Esiodo è un suo precursore.

ANTECEDENTI E PARALLELI DELLA «TEOGONIA»

Per tornare al problema da cui eravamo partiti, cioè quello delle possibili novità apportate da Esiodo con la sua opera teogonica, se stabiliamo un sia pur parziale confronto con gli unici testi anteriori a Esiodo in nostro possesso, e che presentino più significative analogie con la *Teogonia*, cioè testi del Vicino Oriente, crediamo che sia possibile in qualche modo capire meglio l'apporto di novità arrecato da

[17] Cfr. Diller, *Die Anfänge* cit., pp. 691 sgg.

Esiodo nell'ambito specifico della visione che egli propone del mondo divino.

Come abbiamo avuto modo di dire, non pochi testi appartenenti a civiltà del Vicino Oriente, hanno permesso di stabilire interessanti paralleli fra saghe e miti propri del patrimonio culturale di quei popoli e la *Teogonia*. Quello che più immediatamente colpisce, in questi paralleli che possono essere stabiliti, è un'indubbia somiglianza di fatti e di personaggi. Vediamo qualche esempio.

La successione esiodea dei re degli dèi Urano, Crono, Zeus ha un preciso parallelo in un testo cuneiforme ittita risalente al XIII sec. a.C.[18], ma derivante da un originale hurrita. Anche questo testo tratta di una lotta di divinità per conseguire la supremazia; si tratta di quattro entità invece delle tre esiodee: Alalu, Anu, Kumarbi, Dio delle tempeste. Il racconto, nella parte di testo a noi conservata, inizia con il regno di Alalu; eccolo nella traduzione Meriggi:

Un tempo, in anni remoti, Alalus era re in cielo. Alalus siede sul trono e il potente Anu, il primo degli dèi, davanti a lui sta, ai piedi (gli) s'inchina e per bere gli mette in mano le coppe.
Nove anni contati Alalus fu re in cielo. Nel nono (?) anno... contro Alalus Anu diede battaglia, e se lo vinse, Alalus. E questi fuggì davanti a lui e andò giù sulla negra terra. (Se ne) andò lui giù sulla negra terra, ma sul trono si sedette Anu. Anu siede sul suo trono e il potente Kumarpi suol porgergli da mangiare, inchinarsi giù ai suoi piedi (e) mettergli in mano le coppe per bere.
Nove (?) anni contati Anu fu re in cielo. Nel nono (?)... anno contro Kumarpi diede battaglia. Kumarpi, discendente di Alalus, contro Anu diede battaglia. (A)gli occhi di Kumarpi Anu più non tien fronte a Kumarpi e dalla sua mano

[18] Cfr. il già citato contributo di P. Meriggi in «Athenaeum» XXXI (1953) pp. 101 sgg.

si svincolò e fuggì. Anu (come) un uccello (?) al cielo andò. Dietro gli si precipitò Kumarpi e lo prese (pei) piedi, Anu, e lo tirò giù dal cielo.
I suoi ginocchi addentò. La sua virilità coll'interno di Kumarpi come bronzo si fuse (?). Quando Kumarpi ebbe inghiottita la virilità di Anu, si rallegrò e rise. Indietro a lui si volse Anu (e) a Kumarpi prese a dire: «Del tuo interno ti rallegri, perché hai inghiottito la mia virilità. Non rallegrarti del tuo interno. Nel tuo interno un peso ho messo: in primo luogo ti ho ingravidato col grave Dio delle tempeste; in secondo luogo ti ho ingravidato col fiume Tigri irresistibile e in terzo luogo ti ho ingravidato col grave dio Tasmišu. Tre dèi tremendi nel tuo interno (come) pesi ti ho posti. Andrai a finire col batter del tuo capo (nel)le rocce del monte...».
Quando Anu ebbe finito di parlare, (se ne) andò su in cielo e si nascose. (Dalla) bocca fuori sputò Kumarpi, il savio re, (dalla) bocca fuori sputò...

Se prescindiamo dalla presenza della prima delle divinità del racconto ittita, la somiglianza col racconto esiodeo è vistosa. Il secondo dio, Anu, porta un nome che significa cielo e quindi può facilmente identificarsi con Urano; come Urano viene evirato e dalla sua mutilazione nascono altre divinità. Kumarbi, che detronizza Anu, porta dentro di sé, come Crono, la sua prole; la differenza è che Crono inghiotte i suoi figli mano a mano che vengono alla luce, Kumarbi invece viene fecondato dai genitali di Anu. Infine l'ultima divinità della serie ittita, il Dio delle tempeste, ha chiaramente dei caratteri simili a quelli di Zeus.

A questo punto, un sia pur superficiale confronto fra lo scarno racconto della fonte orientale e lo stupendo brano corrispondente della poesia esiodea conduce all'ovvia considerazione dell'importanza che la grande letteratura ha nel trasfigurare i soggetti che sceglie come tema. Ma non è questo quello che qui ci interessa; è più importante invece osservare la capacità, che Esiodo dispiega, di inserire questo, che nella versione orientale è nulla di più che il racconto di una contesa dalle scarse conseguenze fra divinità, nel grande processo unitario, teogonico e cosmogonico, che la *Teogonia* si propone di narrare. Prima di tutto nella narrazione esiodea compare come protagonista anche la terra, Gaia, in modo da ricondurre alla primigenia azione generatrice di lei anche la nascita delle entità che provengono da Urano. Il fatto che Urano non permetta ai suoi figli generati da Gaia di venire alla luce tenendoli costretti in un recesso della terra e provocando con ciò le sofferenze di Gaia stessa, ha chiaramente un duplice significato, quello di narrare la fatica con cui la terra generava queste prime entità e quello di adombrare una situazione originaria di unione cielo-terra per cui il cielo, tenendo come compressa la terra sotto di sé. non permetteva agli esseri da loro generati di venire alla luce.

La separazione, necessaria perché il processo teogonico possa proseguire, è operata dall'atto di Crono che castra il padre[19]. C'è insomma, in Esiodo, un sistematico tentativo di collegare in complessi organici elementi che nella fonte parallela orientale appaiono come episodi staccati e disorganizzati fra loro. L'altra capacità che Esiodo mostra in maniera spiccata è quella di inserire nel processo dello sviluppo teogonico e cosmologico, che costituisce l'ossatura della sua opera, i singoli fatti relativi alle divinità: non solo non si ha mai la sensazione di un indugiare fine a se stesso della narrazione e tanto meno di un esaurirsi del significato dei singoli episodi in se stessi, ma, quanto meno, accade che ciascuno di questi sia collegato con altri ad esso antecedenti come attuazione di potenzialità in quelli contenute, mentre a sua volta contiene potenzialità che si attueranno negli avvenimenti che a quello seguono. Vediamo qualche esempio

[19] Questa concezione dell'unione originaria fra cielo e terra è assai diffusa nel pensiero cosmologico di molti popoli primitivi: cfr. K. Marót, *Die Trennung von Himmel und Erde*, in «Acta Ant. Acad. Hung.» 1951, pp. 35 sgg.

partendo ancora dal mito della successione Urano-Crono-Zeus e dal corrispondente racconto del testo ittita. In ambedue i testi, abbiamo visto, compare il particolare di un dio – rispettivamente Urano e Anu – che subisce la castrazione, e dai genitali mutilati nascono altre divinità. Nel testo ittita l'unica divinità nata in questo modo che abbia una parte nel seguito della narrazione è il Dio delle tempeste. Ciò non esclude, naturalmente, che in altri fatti ed episodi questa divinità non potesse avere infinite altre avventure o che altrettanto non potesse capitare alle altre divinità nate anch'esse nello stesso modo, solo che si ha la chiara impressione di una tendenza, da parte di ciascuno dei fatti e dei racconti, a concludersi in sé, quasi in un'indipendenza funzionale, in una sorta di gratuità narrativa. Tutto il contrario accade in Esiodo, dove il racconto della castrazione di Urano costituisce un motivo veramente aperto allo sviluppo immediato del racconto teogonico dal momento che dalla mutilazione del dio nascono (v. 185 sgg.) le Erinni, i Giganti, le Ninfe melie e infine Afrodite, sulla quale divinità si concentra subito l'attenzione: Esiodo indugia nella ricca elencazione e spiegazione di epiclesi e attributi, con gusto e intenti così genuinamente suoi che si dura fatica a capire come da parte di alcuni critici ci si ostini – sia pure in misura minore che nel passato – a considerare con sospetto questo brano.

VISIONE UNITARIA DEL MONDO NELLA «TEOGONIA»

In questa connessione organica della maggior parte possibile degli elementi del racconto si ha anche, fra l'altro, una conferma del fatto che, come si è detto, la *Teogonia* costituisce la testimonianza di uno sforzo di rappresentazione unitaria e coerente del mondo fisico e di quello divino; questo tratto rappresenta una delle più grosse caratteristiche della *Teogonia* – e forse anche una novità –, un'impronta propria che Esiodo seppe dare ai suoi poemi, a questo non meno che alle *Opere e giorni* e al *Catalogo delle donne*; di conseguenza la capacità inventiva del poeta nel trovare nuove divinità, nell'attribuire loro nomi e qualità è da questa prospettiva che va valutata, come il risultato di uno sforzo poderoso di comprendere e sistemare tutta la realtà in un complesso che si regga nella maniera più coerente e senza che al di fuori di questo alcunché venga tralasciato.

Il grado di connessione e organicità della visione esiodea del mondo appare nella sua intera misura se consideriamo i legami che il poeta istituisce fra le varie generazioni di divinità[20] stante il fatto, come abbiamo detto, che del mondo le entità divine costituiscono come la personificazione e l'ipostasi. Come si sa, da un certo punto di vista, la *Teogonia* non è altro che la narrazione dell'avvicendarsi di nuove generazioni di divinità; ebbene, l'avvento di una nuova generazione non comporta mai la messa in disparte definitiva della generazione precedente e nemmeno il completo svuotamento di significato della presenza di quella, nonostante che talora l'avvicendamento sia stato tutt'altro che pacifico. L'esempio più significativo è dato probabilmente dai matrimoni di Zeus. Il dio si unisce con Mnemosine (v. 56) appartenente alla progenie di Urano e Gaia, cioè alla stirpe dei Titani contro la quale Zeus e gli altri Olimpî avevano combattuto una dura lotta (vv. 630 sgg.); Zeus sposa ancora Temi (v. 901), anch'essa della stirpe dei Titani (v. 135) e Eurinome (v. 907), della generazione immediatamente seguente a quella dei Titani in quanto figlia di Oceano e Teti (v. 358). Si ha quindi la sensazione della ricerca, da parte di Zeus, di stabilire legami con le generazioni passate e di coinvolgere in qualche modo anche queste nel suo nuovo regno. Significativo è anche considerare la prole che da queste unioni proviene: da quella con Mnemosine le Muse, da quella con Temi le Ore, Eunomie, Dike, Eirene, cioè Buon ordine, Giustizia e Pace, da quella con Eurinome

[20] Per quanto segue cfr. Solmsen, *Hesiod* cit., pp. 66 sgg.

infine le tre Grazie. Aglaia, Eufrosine, Talie. cioè Gioia, Gioia della festa e Festa. Ciò vuol dire che solo dall'unione con le divinità delle più antiche generazioni provengono a Zeus quelle che costituiscono le personificazioni degli aspetti positivi del suo regno. Ma il regno di Zeus non è solo pace e serenità, è anche necessità e obbligo di sottostare al destino che spetta ad ognuno, di rispettare le regole che tale regno impone, di comminare punizioni a chi queste regole non rispetta, ed ecco che dall'unione con Temi nascono anche le Moire (v. 904 sg.), Cloto, Lachesi, Atropo «le quali concedono agli uomini mortali di avere il bene ed il male».

Ma non c'è dubbio che di questa varia discendenza di Zeus nella considerazione di Esiodo il posto più particolarmente privilegiato è quello delle nove Muse, che con i loro nomi eloquenti incarnano tutti i caratteri e le prerogative di quella forma d'arte per eccellenza che è la poesia la cui presenza nel regno di Zeus ne è una delle caratteristiche salienti: Clio è colei che col canto dà la gloria, Euterpe fa sì che il canto rallegri, Talia presiede al canto che accompagna le feste, Melpomene collega il canto alla musica e Terpsicore alla danza, Erato suscita l'amore del canto, Polimnia presiede alla molteplicità delle musiche che accompagnano il canto, Urania innalza il canto fino al cielo e infine Calliope è colei che impersona la bellezza della voce[21]. In seguito al matrimonio di Zeus con Mnemosine, dunque, quelle che noi chiameremmo le qualità intellettuali entrano a far parte del mondo.

Nello stesso modo in cui le passate generazioni di divinità costituiscono le origini di alcune importanti qualità spirituali del regno di Zeus, così da esse deriva anche quella componente di durezza e di severità che ugualmente è caratteristica del governo del re degli dèi e degli uomini: da Stige, figlia di Oceano e Teti (v. 361), quindi anch'essa ap-

[21] Sul significato dei nomi delle Muse cfr. B. Snell, *La cultura greca e le origini del pensiero europeo*, trad. it. Torino 1963, p. 71.

partenente alla generazione immediatamente seguente a quella dei Titani, nascono Kratos e Bia, Potere e Forza (v. 385) che stanno sempre presso Zeus. Ancora: Zeus libera i figli di Urano che il padre aveva costretto in un recesso della terra a non venire mai alla luce e costoro, riconoscenti «gli diedero il tuono e il fulmine fiammeggiante, e il baleno che prima Gaia prodigiosa teneva nascosti; fidando in questi comanda ai mortali e agli immortali» (v. 504 sgg.).

UOMINI E DÈI IN ESIODO

Ma in questo mondo della *Teogonia* quale parte ha l'uomo? L'interesse della *Teogonia* nei confronti dell'uomo sembra assai scarso, tanto è vero che è stato scritto che in quest'opera Esiodo descrive «in modo sistematico e onnicomprensivo tutto il mondo intorno all'uomo... com'è sorto e com'è, tutte le cose del mondo, tutti gli dèi e le forze e tutta la natura ad eccezione dell'uomo stesso, delle fiere e delle piante»[22].

Ma questo giudizio crediamo che, quanto meno, debba essere precisato. Potrebbe essere più esatto dire che nella *Teogonia* gli uomini compaiono come una parte, e forse non quella meno importante, di quel mondo che gli dèi posseggono, in quanto Zeus «e bene ogni cosa fra gli immortali divise ugualmente e distribuì gli onori» (vv. 73 sg.). Se, di conseguenza, possiamo aspettarci, nella *Teogonia*, una considerazione del mondo umano da una prospettiva divina — e quindi sarà legittimo un tentativo di precisare le dimensioni e i caratteri di questa prospettiva — dovremmo considerare innaturale e ingiustificato un disinteresse della *Teogonia* per l'uomo.

È stato osservato che già nell'*Iliade* il concetto dell'onore particolare (τιμή) di cui una divinità gode è abbastanza

[22] Cfr. Fränkel, *Dichtung* cit., p. 104.

ben determinato, per es. in 15, 189, nel senso che questo concetto indica già una sorta di giurisdizione o di competenza esercitata su una parte del cosmo (mare, inferi, cielo); nella *Teogonia* però assume un'importanza fondamentale. Già l'ammontare delle ricorrenze della parola, 16 rispetto alle 37 dell'*Iliade* e dell'*Odissea*, è significativo; ma la circostanza è perfettamente spiegabile col fatto che tutto il poema altro non è che la narrazione degli avvicendamenti e delle lotte relative per conseguire la τιμή suprema, e la descrizione di come gli dèi si sono distribuite le singole competenze e in cosa queste consistono. Ancora: come uno degli oggetti su cui si esercitano varie competenze divine compare anche l'uomo, considerato a seconda delle sue attività oppure a seconda degli atti che compie e dei differenti momenti della sua vita[23]. Varrà forse la pena di fare una rassegna, anche soltanto esemplificativa, dei luoghi nei quali compare, nell'ambito di queste *timaì*, qualche accenno al mondo umano, lasciando per ora da parte quei due brani, di significato e di valore del tutto particolari, che sono il proemio con l'epifania delle Muse e il mito di Pandora, per i quali sarà necessaria una trattazione a sé. Ai vv. 120 sgg. si dice di Eros che «di tutti gli dèi e di tutti gli uomini piega nel petto il cuore e il saggio consiglio»; di Afrodite, ai vv. 203 sgg., che ha avuto fin dall'inizio questa τιμή e questa parte fra gli dèi e gli uomini: «le ciance di fanciulle e sorrisi e gli inganni e il dolce piacere e affetto e blandizie»; al v. 217 compaiono le Moire e le Kere «spietate nel dare le pene», «che di uomini e dèi i delitti perseguono; né le dee cessano dalla terribile ira prima d'aver inflitto terribile pena a chiunque abbia peccato»; esse sono figlie di Notte al pari di Ne-

[23] Cfr. per es. Pfister in «Philol.» 84 (1928) pp. 1 sgg., Fr. Schwenn, *Die Theogonie Hesiods*, Heidelberg, 1934 index s.v., ma soprattutto la ricerca di M. Greindl, *Kleos, Kydos, Timé*, ecc. Diss. München 1938, pp. 59 sgg. e 142 sgg. che contiene la più ampia e organica trattazione del problema, anche se non considera con particolare attenzione le implicazioni del principio delle *timaì* relativamente ai rapporti fra mondo umano e mondo divino.

mesi (v. 223) «sciagura degli uomini mortali» e di Giuramento (v. 231 sg.) «che agli uomini della terra grande sciagura reca quando qualcuno di loro, volendo, spergiura».

Ai vv. 346 sgg. vengono elencate le Oceanine «che sulla terra agli uomini nutrono la giovinezza insieme ad Apollo signore e ai fiumi».

Le competenze di una divinità nei confronti degli uomini diventano numerose ed estese nel caso di Ecate (vv. 429 sgg.; non c'interessa qui naturalmente la parte che Ecate ha anche nelle cose divine, e addirittura sulla terra, sul mare e sul cielo: vv. 413 sg.): essa può concedere la ricchezza (v. 420), fa rifulgere nelle assemblee (430), dà la vittoria ai combattenti (431-433), assiste i re quando amministrano la giustizia (434) e gli atleti quando gareggiano (435 sg.), i cavalieri (439) e i pescatori (440); insieme ad Ermes protegge il bestiame (444 sgg.). Altre divinità che hanno un potere diretto sugli uomini sono Notte e Giorno: l'una porta la luce e l'altra il sonno (755 sg.); strettamente legate con queste sono Sonno e Morte, l'uno «dolce per gli uomini» (763), l'altra «ha un animo spietato nel petto» (764). Entità divine sono anche i venti, Noto, Borea e Zefiro (870), che costituiscono «per gli uomini un grande vantaggio» (871); da Tifeo invece provengono i venti cattivi che distruggono le navi (872 sg). Infine dal matrimonio di Zeus con Temi nascono le Ore, Eunomie, Dike, Eirene, «che vegliano sull'opera degli uomini mortali», e le Moire, che possono dare «agli uomini mortali... il bene e il male» (906).

Non si può dire dunque che l'uomo nella *Teogonia* sia ignorato: egli è considerato in quasi tutte le sue attività, da quelle più alte, come l'amministrare la giustizia, che caratterizza nell'ideale esiodeo l'essere buon re, a quelle più umili, quando l'uomo appare e agisce come parte di una comunità politica e si distingue nell'agorà, e quando commette errori e scelleratezze. È stato osservato molto giustamente[24] che

[24] Cfr. Snell, *La cultura* cit., p. 138.

Esiodo non vede più l'azione degli dèi nel mondo sotto l'aspetto degli interessi saltuari e capricciosi degli Olimpi che si intromettono a loro piacimento nelle faccende e nelle contese dei re e degli eroi, ma sente ampia e costante, addirittura regolata da precise sfere di competenza, la presenza del divino nel mondo e nell'uomo, in qualunque categoria di uomini. Non solo, ma le entità divine interessate all'uomo e alla sua vita sono in genere differenti da quelle dell'Olimpo omerico; si tratta di tutto un complesso di altre divinità che noi siamo usi chiamare minori, ma che tali sembra non fossero per Esiodo. Eppure, nonostante tutto ciò, non è ingiustificata la sensazione che nella *Teogonia* non si mostri grande interesse al mondo dell'uomo, tanto da indurre ad affermazioni come quella citata di Hermann Fränkel. Quale il motivo di ciò? La risposta è forse che l'uomo nella *Teogonia* è troppo assorbito nel mondo divino, e il suo esistere non è in genere sufficientemente autonomo da quello.

Vediamo meglio. La *Teogonia* è una storia del mondo degli dèi; non però una storia del suo farsi e del suo svolgersi attuale, ma, diremmo, del suo essersi fatto; è una storia del mondo divino vista attraverso le vicende che lo hanno portato ad essere quello che è, e nel quadro di tale mondo, che appare ormai fissato nelle sue linee, l'uomo rientra come uno dei tanti elementi che lo compongono, con la differenza però che, mentre degli elementi divini abbiamo la narrazione dei fatti anteriori che hanno portato alla situazione presente, dell'uomo no. Unica eccezione il mito di Pandora, ma i caratteri e i limiti del significato della presenza di questo nella *Teogonia* li vedremo ben presto.

Nel suo accettare l'ordine del mondo quale esso è, Esiodo, come abbiamo detto, non si differenzia da Omero, anche se, in maniera ben più ampia e consapevole, indaga quest'ordine in certi particolari che Omero aveva tralasciato, sforzandosi, anzi, di non trascurarne nessuno, di considerarli tutti e tutti farli rientrare, ordinatamente, nella sfera d'azione del divino e nell'ambito della giurisdizione di una delle varie entità in cui esso si articola. Di conseguenza gli dèi ci vengono presentati, sì, nelle loro competenze – anche quelle relative al mondo degli uomini – tuttavia dalle situazioni singole e concrete in cui queste competenze si attuano di regola si prescinde: il contrario infatti avrebbe significato considerare gli dèi nel loro agire nel mondo, con un inevitabile mutamento di interessi dagli dèi all'uomo alla sua vita al suo mondo, a quello che quel mondo è e perché è di tal fatta.

Solo nella sezione dell'esposizione teogonica in cui viene considerato nella sua vita e nel suo destino, cioè nel mito di Pandora, l'uomo appare oggetto di una considerazione fondamentalmente differente, ma per capire a pieno questa differenza crediamo necessario cercare di capire il significato dell'episodio. È noto che se c'è un elemento vistoso di immediata differenziazione nella narrazione del mito di Pandora della *Teogonia* rispetto alle *Opere* è proprio il diverso ruolo che l'uomo vi assume: nella *Teogonia* tutto è praticamente limitato ad una contesa fra divinità, anche se una di queste è l'enigmatico Prometeo, e l'invio di Pandora, incarnazione e simbolo di tutti i mali che affliggono l'uomo, non appare nulla di diverso da una ritorsione da parte di Zeus contro il beneficato per la beffa due volte subita. Per Zeus si tratta di mandare all'uomo la punizione peggiore che possa esser pensata. Anche nelle *Opere* le parole che Zeus pronunzia nel momento in cui decide di mandare Pandora (vv. 56-58) non sono meno ispirate a ira e desiderio di vendetta, ma l'attacco con cui la narrazione del mito si apre, con le parole lapidarie del v. 42, «gli dèi tengono nascosto il sostentamento dell'uomo», e il contenuto dei vv. 43-46 immediatamente seguenti, indicano abbastanza chiaramente che l'importanza delle conseguenze precise della contesa fra Prometeo e Zeus è ben chiara alla mente degli dèi; è il nascondimento del *bios* e la connessa necessità del lavoro per l'uomo[25]. Non sarà un caso che nelle *Opere* non si faccia

[25] Sviluppando un'osservazione del Wilamowitz (comm. alle *Opere* ad v. 89 p. 51), Verdenius in «Entr. Fond. Hardt» VII 1960, pp. 126 sg.,

parola della punizione di Prometeo, e il posto di questa sia preso dalla splendida scena della dispersione dei mali nel mondo e del loro muto aggirarsi fra gli uomini, ben più efficace dello sfogo della *Teogonia* (vv. 590 sgg.). Allo stesso modo il tacito quanto disinvolto rinvio alla *Teogonia* per tutta la parte del mito antecedente all'invio di Pandora, occupata dal duello d'astuzia fra Zeus e Prometeo, va spiegato non tanto con una certa esigenza di evitare una ripetizione, quanto dall'urgere dell'interesse per le conseguenze che tali eventi hanno avuto per l'umanità e per le condizioni attuali di questa.

Tutto, o per gran parte, incentrato sull'uomo, dunque, il mito di Pandora nelle *Opere* e, coerentemente, interessato a capire e a fornire le ragioni delle varie specie di mali che caratterizzano la sua vita; come sostanzialmente limitato al mondo divino è nella *Teogonia*. Eppure il mondo dell'uomo si rivela anche nel mito di Pandora come è narrato nella *Teogonia*: la sezione 590-613 è dedicata a questo tema, ed è una sezione giustamente famosa. È inesatta allora la caratterizzazione delle due sezioni, rispettivamente delle *Opere* e della *Teogonia*, proposta poco sopra? Vediamo meglio: la circostanza che più colpisce è che il mondo dell'uomo, quale è descritto in *Teog.* 590-613, si rivela in una dimensione di sofferenza e di dolore, e degno di esser notato è che si tratta della medesima sotto la quale si rivela molte volte anche nelle *Opere*. Non solo: l'analogia non è solo nella tematica generale, nell'atmosfera, ma si fonda anche su somiglianze di immagini, di similitudini, perfino di mezzi espressivi. La figura della donna «compagna non di rovinosa indigenza, ma d'abbondanza» (v. 593) e «partecipe di opere

nota che nella narrazione del mito di Pandora delle *Opere* Esiodo dimentica di spiegare le origini della necessità del lavoro. È chiaro che una ragione di questo fatto può essere individuata nella circostanza che il problema delle origini del lavoro è una novità delle *Opere* nei confronti dello schema tradizionale del mito quale è più fedelmente rispecchiato nella *Teogonia*.

moleste» (v. 595) è la stessa che compare in *Opere* 373 sgg.: «non lasciarti ingannare la mente da una donna *pygostòlos* che ti blandisce con parole ingannatrici e cerca la tua dispensa; chi si fida della donna si fida dei ladri»; così la preoccupazione di invecchiare da soli e senza figli (vv. 603-612) è presente nelle *Opere* 376 sgg., resa più drammatica dall'incertezza di non saper consigliare se avere uno o più figli; l'angoscia provocata dalla incertezza di avere in sorte una moglie saggia e buona (608) o di schiatta malvagia (610) si rispecchia nella lunga serie di minuziosi consigli di *Opere* 695-705 sulla scelta della donna da prendere in sposa e nella solennità degli avvertimenti dei vv. 702-705, relativi alle conseguenze di una buona o di una cattiva scelta. Compaiono infine, come si è detto, consonanze di espressioni e coincidenze di concetti, come fra *Teog.* 607-8 e *Opere* 702 sg., e ancora fra *Teog.* 598 e *Opere* 520, dove l'idea del restare in casa compare, nella *Teogonia* associata a quella del fuco ozioso, nelle *Opere* a quella della fanciulla serenamente inoperosa che si ripara dai rigori del freddo invernale. Come ultima cosa si deve notare in questo brano della *Teogonia* una singolare anticipazione del mondo agricolo delle *Opere*, che ci appare quasi inaspettatamente nella lunga similitudine dei vv. 594-99 dove al fuco ozioso che divora il frutto della fatica delle api laboriose sono paragonate qui nella *Teogonia* le donne e corrispondentemente nelle *Opere* l'uomo che non lavora[26]. Apparentemente abbiamo un'anticipazione, in questo brano della *Teogonia*, dell'Esiodo dei consigli di vita spicciola che riempiono tanta parte delle *Opere*; ma quello che distingue l'Esiodo autore di questi versi da quello delle *Opere* è che qui egli si dimostra non solo troppo lontano dalla fatale grandiosità delle vicende di-

[26] Anzi, si può osservare che nelle *Opere* la similitudine non è perfettamente armonizzata col contesto: viene introdotta a proposito dell'idea che la fame è compagna costante dell'uomo inoperoso (v. 302) del quale d'altronde si dice che fa come il fuco che divora la fatica delle api (cfr. *Teog.* 599 e *Op.* 305).

vine — e questo è ovvio — ma incapace anche di vivificare queste amare considerazioni dell'afflato etico, profondo e sofferto, che pervade e caratterizza tante parti analoghe delle *Opere*. Là anche le più meschine preoccupazioni, i consigli più spiccioli, sono nobilitati dall'ideale che intendono aiutare a perseguire e dall'appassionata sincerità con cui questo ideale è vagheggiato. Si ripropone, insomma, in un particolare, la medesima circostanza che caratterizza e distingue in generale le due opere esiodee: nella *Teogonia* il mondo umano, con i problemi connessi del suo destino e del suo essere quale è, non appare oggetto di considerazione abbastanza approfondita; il poeta sembra troppo preso dalle vicende e dai destini del mondo divino, e questi gli appaiono di tale importanza da assorbire in sé e esaurire anche tutta la problematica di quello umano, capaci di dare una risposta anche agli interrogativi e ai dilemmi che questo pone. L'uomo non è felice e il motivo sta nelle conseguenze di un capriccio di una divinità che aveva deciso di beneficarlo a dispetto di un'altra divinità più potente; e di questo non resta che prendere atto, nell'acerbo e insanabile dissidio di amore e odio che lo strumento di tale infelicità, la donna, provoca. Questa sembra la morale del mito di Pandora nella *Teogonia*.

Dunque questa tirata sull'infelice destino dell'uomo che, nell'ambito del mito di Pandora quale compare nella *Teogonia*, costituisce con i suoi interessi umani una parte quasi a sé stante, è di grande significato, e ci insegna alcune cose importanti: prima di tutto questo brano sembra provare, proprio per i suoi contenuti così significativamente anticipatori delle *Opere*, che Esiodo non sa considerare l'uomo nella sua realtà se non seguendo gli schemi e i moduli che reggono e ispirano le *Opere*; d'altra parte si ha un esempio di quale fosse la visione della vita e dell'uomo che Esiodo aveva prima e al di fuori dell'approfondimento morale che egli testimonia di aver operato nel secondo dei suoi poemi.

Come perfetto corrispondente e contrario di questo brano c'è però, sempre nella *Teogonia*, anche un luogo in cui l'uomo compare con lo stesso grado di dignità di cui godono gli dèi; ed è l'unica volta, crediamo di poter dire, in cui uomini e dèi compaiono veramente come protagonisti, alla pari. Si tratta del proemio con l'epifania delle Muse. Queste, al pari delle altre divinità che esercitano in una qualche misura e maniera la loro giurisdizione sull'uomo, sono dotate di una τιμή, e dei privilegi che questa comporta possono gratificare gli uomini.

Nell'episodio della loro epifania compare il verbo τιμάω al v. 81 e la loro τιμή si esercita sui re e i poeti[27]. E fin qui il rapporto divinita-uomo pare svolgersi secondo gli schemi abituali di casi consimili. Ciò è tanto vero che i modi in cui si esplica e si concretizza la protezione di Calliope nei confronti dei re (vv. 80 sgg.) sono espressi in maniera molto simile a quella in cui è definita la protezione di Ecate nei vv. 430 sgg.: per il v. 92 cfr. v. 430; per i vv. 85-87 cfr. v. 434; per i vv. 80 e 92 cfr. ancora v. 434. Però si presenta subito una circostanza che dà a questo rapporto un significato speciale: è l'unica volta, nella *Teogonia*, in cui il generico rapporto fra la divinità e la categoria di uomini che essa protegge in virtù della sua τιμή viene considerato e descritto nello svolgersi di quest'atto particolare e preciso che è l'incontro; ed è ciò che conferisce all'episodio, fin dalla sua presentazione, un significato inconsueto. È insomma

[27] Greindl, *Kleos* cit., p. 149 sottolinea soprattutto quella parte della *timé* delle Muse che consiste nel celebrare la stirpe degli dèi (*Teog.* 44, 67, 105; *Op.* 1 sgg.) e di rallegrare gli Olimpî con il loro canto (*Teog.* 37); per quanto riguarda il rapporto con gli uomini asserisce che danno oblio e consolazione (e rimanda ai vv. 102 sg.) e ai re e ai poeti autorevolezza e felicità (vv. 81 sg). Ma le competenze della *timé* delle Muse non si esauriscono qui: oltre alla trasformazione del pastore Esiodo in poeta, che è fatto tanto meraviglioso quanto, pare, unico, c'è anche la loro capacità di narrare menzogne simili al vero. Tutto ciò allarga molto e rende più vaghi gli schemi entro i quali si attua abitualmente la loro *timé*; non sarà forse errato pensare che questa non perfetta coerenza delle funzioni delle dee sia una conseguenza di un deciso intervento di Esiodo sulla tradizio-

l'unico caso in cui l'azione della divinità sull'uomo si mostra nel suo farsi concreto e nel suo realizzarsi in un caso specifico e determinato, e sarà interessante vedere se in questo incontro si dà davvero quella circostanza di un prevalere degli interessi umani su quelli divini, di cui abbiamo parlato poco sopra. Un fatto si impone immediatamente: la maniera in cui le dee concedono il loro favore è del tutto diversa dal solito, e soprattutto la natura del dono che fanno è assolutamente particolare. Vediamo meglio. Ecate, tanto per fare un esempio, concede una ricca pesca, o una rigogliosa crescita degli armenti, o la vittoria nelle gare atletiche senza essere né pescatore né pastore né atleta; ma non c'è dono che le Muse concedono ai re e ai poeti che non costituisca una caratteristica essenziale del loro essere quello che sono. Calliope, colei che ha la bella voce, concede questa qualità medesima ai re (vv. 83 sgg.)[28] e ai poeti (v. 97); anche di quella virtù che è propria di tutte le nove dee, di essere «oblio dei mali e tregua alle cure» (v. 55) il re e il poeta, da loro amati, vengono in possesso (cfr. vv. 89 e 102 sg). Non solo: quella capacità che già Omero conosceva come propria dell'aedo, di glorificare, κλϝέϝιν (cfr. *Od.* I 338. VIII 73 sgg.) costituisce per Esiodo un tratto che accomuna ulteriormente il poeta alle Muse: di loro più di una volta Esiodo dice che hanno il potere di κλείειν (cfr. *Op.* 1 sg.; *Teog.* 46. 66 sg. 105) e la medesima capacità la concedono a lui al momento dell'investitura (*Teog.* 31 sg.)[29].

In tal modo crediamo risulti abbastanza chiara la giustificazione di quanto dicevamo, che è questo un caso in cui dèi e uomini appaiono comprimari, senza che la divinità

ne che probabilmente limitava il contenuto della loro *timé* all'ispirazione poetica.

[28] Cfr. Pfister in «Philol.» 1928 cit., p. 6 n. 6. Che le Muse incarnino ciascuna una qualità che è poi comune a tutte e nove, e quindi anche la "bella voce" non sia esclusiva di Calliope, ha osservato Bermeyer, *Die Musen*, München 1968, pp. 62 sgg.

[29] La circostanza, anche se non nell'importanza delle sue conseguenze, era stata vista già da Bermeyer, *Die Musen* cit., p. 115.

perda nulla del suo maestoso distacco, senza che l'uomo venga abbassato al rango di semplice oggetto su cui si esplica l'azione della τιμή divina; e la maniera in cui questo risultato si raggiunge consiste nell'innalzamento dell'uomo fino ad un grado di dignità che ha molto di quella divina, e comunque è di gran lunga superiore a quello, pure eminente, di cui godevano il re e l'aedo omerico. I re sono, alla maniera omerica, *diotrepheìs*, alunni di Zeus, ma quando sono buoni re possiedono, abbiamo visto, il dono meraviglioso della parola pacificatrice, che è prerogativa delle Muse[30]. Il poeta, protetto da Apollo e dalle Muse, ha la capacità di placare o di far dimenticare i dolori che affliggono il cuore, e il carattere sovrannaturale, quasi divino, di questa prerogativa è, se ce n'era bisogno, sottolineato al v. 102 dalla rapidità con cui si esplica; infine è gratificato dalle dee del dono profetico (*Teog.* 31 sg.). E il vagheggiamento di questo ideale di re non sarà caduto dal cuore di Esiodo in seguito alle tristi esperienze con i *basilées dorophàgoi*, così come la consapevolezza sempre più chiaramente posseduta della dignità e della missione di poeta costituisce una costante della sua personalità, anzi una conquista fatta da lui per i poeti di sempre.

A questo punto, in quanto abbiamo detto crediamo siano contenuti gli elementi essenziali della soluzione del problema posto sopra, relativo alle alterazioni che i due mondi, quello umano e quello divino, subiscono nei loro tratti in occasione di questo evento tutto particolare: nonostante l'altezza e la nobiltà del risultato raggiunto, neanche in questo incontro diretto dell'uomo con la divinità appare superata in maniera soddisfacente la difficoltà di riuscire a mantenere inalterati i tratti e i caratteri delle due entità che vengono a confronto.

È da dire però anche che il risultato è del tutto opposto a

[30] Sulla differente concezione esiodea del dono del bel parlare rispetto a quella omerica ha fatto delle buone osservazioni Maehler, *Die Auffassung* cit., p. 45.

quello che si dà abitualmente nella *Teogonia*, ma anche questa volta esso è perfettamente coerente con il tono generale, gli interessi e il tema dell'opera: se l'uomo cessa per una volta di essere passivo oggetto della giurisdizione di una divinità non è per riacquistare la sua natura e il suo essere, ma per partecipare del divino in misura fuori dell'ordinario.

Dunque il sistema delle *timaì* divine ha il suo fondamento nella realtà umana, ma talora il modo stesso di essere della divinità, compendiato e come simbolizzato dal suo nome, è visto e definito da una prospettiva tutta umana e in funzione dell'uomo. Prendiamo due esempi. Dalla primissima generazione di entità, costituita da Caos, Gaia, Tartaro ed Eros, proviene Notte, figlia di Caos. Essa, a sua volta, è all'origine di una serie di divinità tutte negative (vv. 211 sgg.), Moros e Ker, due divinità difficilmente distinguibili fra loro perché indicano in qualche modo ambedue il destino di morte, e poi Morte, Sonno e i Sogni, poi Biasimo e Infelicità, le Moire e le Kere «spietate nell'infliggere le pene», genera anche Vendetta, Inganno e Passione d'amore, Vecchiaia e Contesa. Come si vede si tratta di un gruppo di divinità che hanno la loro ragion d'essere soltanto in funzione del mondo degli uomini, di quello che agli uomini capita e che patiscono. Ancora: ai vv. 240 sgg. compare l'elenco delle figlie di Nereo[31], le Nereidi, e, per il fatto che il padre loro è connotato di caratteri positivi, tali caratteri distinguono anche questo gruppo di divinità. I loro nomi sembrano rivelare un'origine composita, nel senso che alcuni appaiono essere stati desunti dalla tradizione, altri parrebbero inventati da Esiodo; questi ultimi sono nomi particolarmente significativi perché indicano parti o modi di essere del mare, come Speio, la Nereide delle Grotte, o Nesaie, la Nereide delle isole, o Actaie, la Nereide delle coste, o Psamate, la Nereide della sabbia; altri indicano o una maniera di ma-

[31] Per questa parte relativa alle Nereidi cfr. Snell, *La cultura* cit., pp. 73 sgg.

nifestarsi del mare all'uomo oppure stanno a significare momenti felici del rapporto dell'uomo col mare: c'è Ploto, colei che aiuta la navigazione, Eukrante, colei che porta felicemente a termine il viaggio, Sao, colei che salva, Galene, la bonaccia, Glauke, l'azzurra, Eulimene, colei che cura un buon arrivo in porto, ecc. Quindi tutto un insieme di caratterizzazioni del mare, di componenti del suo essere, sono fissate e determinate sulla base del rapporto con l'uomo e in questo rapporto hanno la loro ragione di esistere.

Per concludere, dunque, si deve dire che nella *Teogonia* il rapporto fra uomini e dèi è tutt'altro che univoco ed appare privo di un'armonica coerenza. Certa è una cosa, e cioè che la *Teogonia* non può esser definita un poema privo dell'elemento umano; anzi, la presenza dell'uomo condiziona tanto profondamente una parte almeno del mondo degli dèi, nel loro modo di essere, nel loro statuto, si direbbe, che una maniera di distinguere le divinità del pantheon del poema potrebbe essere anche quella rappresentata dal raggrupparle a seconda che possiedano o no *timaì* esplicantisi sull'uomo e sulle sue attività, sia in senso positivo che negativo; ed è da notare anche la diversità di misura e di maniera in cui il possesso di tali *timaì* condiziona i caratteri delle singole divinità: dalle Muse, che espletano le funzioni della loro *timé* sia relativamente al mondo divino – rallegrando col loro canto la mente di Zeus – sia a quello umano, però in maniera diversa – cioè rendendo partecipi i poeti delle loro prerogative –; alle Nereidi che esistono, praticamente, in funzione di come l'uomo vive e contempla i differenti modi di essere e gli aspetti del mare. E anche di un'altra circostanza si deve prendere atto, e cioè che se nelle *Opere* il mondo divino è completamente condizionato da quello umano, nel senso che le divinità, sia come presenza che nel loro agire, compaiono nel poema in funzione dell'uomo, non si può dire che di tale stato di cose la *Teogonia* rappresenti il perfetto reciproco: in questo poema ci sono divinità il cui esistere non ha nessun rapporto con l'uomo e il suo mondo.

LA STRUTTURA DELLA «TEOGONIA»

E infine vediamo la struttura della *Teogonia*, ma prima di tutto alcune considerazioni. In generale l'ordine secondo il quale le entità divine vengono ad esistere è quello che parte da quelle con caratteristiche fisiche più spiccate, come Caos, Gaia, Tartaro, Urano, secondo uno sviluppo che vede alla fine, in seguito ai matrimoni di Zeus, la nascita di divinità che hanno esclusivamente caratteristiche morali e spirituali, come per es. le Ore, o le Muse; in altri termini la linea generale è quella che va da un mondo fisico al mondo spirituale.

Si dice che questo schema di sviluppo, proprio del mondo divino della *Teogonia*, «da uno stato primitivo e rozzo a uno stato ordinato e giusto» sia il perfetto contrario di quello che regola l'evoluzione dell'umanità quale è delineata nel mito delle razze delle *Opere*, dove «lo stato iniziale è felice e giusto, mentre la violenza e il male si insinuano in seguito, a poco a poco, e solo nella quinta età, la nostra, l'ingiustizia regna sovrana»[32]. A ben guardare, però, questa si rivela un'impressione fallace. Nella *Teogonia* non si può dire che il regno di Zeus sia caratterizzato dalla sola presenza della pace e della giustizia, dal momento che le antiche divinità, quelle della rozzezza e della violenza, non scompaiono dal mondo, e continuano ad esistere e ad essere operanti tutte le entità negative, e Zeus deve salvaguardare ancora il suo dominio o servendosi di Potere e Forza (vv. 385 sgg.) o imponendo la sua volontà col fulmine il tuono e il lampo (v. 506). Meglio dunque si direbbe che il regno di Zeus è caratterizzato dalla presenza di entità pertinenti all'ambito della razionalità, che impersonificano gli aspetti e le componenti di un mondo spirituale il cui momento di realizzazione è come simboleggiato dall'atto di Zeus che inghiotte Meti, la prudenza, «perché la dea gli rivelasse ciò che è bene e ciò

[32] Le citazioni sono da Snell, *La cultura* cit., p. 81.

che è male»; ma non è punto detto che queste nuove entità annullino l'agire e la presenza delle precedenti, e con esse potranno intrattenere un rapporto complesso, dialettico o di antagonismo – e ciò lo si vede abbastanza chiaramente quando alcune di esse entrano nel mondo umano delle *Opere* – ma non vanificano la presenza di quelle più antiche.

Tutto ciò in perfetta analogia con quello che è il vero spirito e il reale significato del mito delle razze nelle *Opere* (vv. 109 sgg.) quale la critica più attenta è venuta mettendo in luce. Già dal 1910 Eduard Meyer[33] si era accorto che lo schema originario di questo mito delle razze che, quale il poeta l'aveva ereditato, prevedeva una progressiva decadenza dell'uomo da una condizione di beatitudine iniziale, era stato poi da Esiodo parzialmente modificato non solo nella forma – con l'aggiunta della razza degli eroi, la quarta – ma profondamente nel suo significato perché veniva a delineare, nella rielaborazione esiodea, un'evoluzione dell'umanità da una condizione iniziale di felicità, ma anche di incoscienza quasi ferina, verso una fatta di consapevolezza e di razionalità, però minacciata da tutti i pericoli propri dell'uso della consapevolezza e della ragione, primo fra tutti quello di operare il male consapevolmente, ma anche con i vantaggi che l'uso della ragione porta con sé, cioè la capacità di operare il bene altrettanto consapevolmente, tanto è vero che anche a proposito della quinta generazione, quella che ad una interpretazione superficiale parrebbe destinata senza scampo alla perdizione, si dice (v. 179) «ma tuttavia anche per loro ai mali si mescoleranno dei beni».

Dunque le linee di sviluppo del mondo divino della *Teogonia* e di quello umano delle *Opere* sono sostanzialmente analoghe: da uno stato di rozzezza primitiva e, rispettiva-

[33] Nella fondamentale ricerca *Hesiods Erga u. das Gedicht von den fünf Menschengeschlechtern*, ristampata in E. Heitsch, *Hesiod*, Wege der Forschung cit., pp. 471 sgg. spec. 503 sgg. L'idea di Meyer è stata ripresa da J.-P. Vernant, *Mito e pensiero presso i Greci*, trad. it. Torino 1970, pp. 13 sgg.

mente, di beata ferinità, ad uno caratterizzato dalla presenza della consapevolezza e della razionalità in cui l'operare, in qualunque senso, è frutto di una scelta voluta e cosciente.

Sulla base di quanto noi sappiamo riguardo alle credenze religiose, ai culti e al patrimonio mitologico della Grecità, le figure di divinità della *Teogonia* possono essere raggruppate in alcune categorie o gruppi[34]: 1) dèi che noi sappiamo godevano di un culto, come sono in genere gli Olimpî: Zeus, Era, Artemide, Apollo, Ecate, le Ore, ecc.; 2) divinità della mitologia come Tifeo, Fix, Atlante, le Esperidi, Epimeteo, ecc.; 3) divinità delle quali non sappiamo nulla, né possiamo dire con certezza se sono state inventate da Esiodo o comunque da lui per la prima volta inserite in un preciso complesso genealogico, come le Ninfe melie, Taumante, Keto, Astreo, Perse; 4) divinità che appartengono a gruppi, che possono comparire sia al plurale che al singolare, come le Ninfe, le Nereidi, le Oceanine, le Moire, le Kere, i Ciclopi; per alcuni di questi gruppi, come abbiamo visto per le Nereidi poco sopra, si ha il sospetto che i singoli nomi siano stati almeno in parte inventati da Esiodo. A questo proposito l'incertezza più grave è quella relativa ai nomi delle nove Muse: li ha inventati Esiodo? Bruno Snell[35] pensava che questi nomi Esiodo li avesse ereditati perché presuppongono una concezione della poesia che non corrisponde perfettamente a quella esiodea; manca, nel complesso di quei nove nomi così significativi, un nome che indichi l'elemento della verità, che nel proemio della *Teogonia* Esiodo attribuisce come importante caratteristica alle dee. Questo però non è un argomento decisivo: anche quando indica quali sono gli effetti della poesia nella vita dell'uomo, cioè quando ne teorizza il ruolo, come fa in *Teog.* 55 e 98 sgg., Esiodo dimostra di non saper pensare che in termini di svago e di consolazione, nulla che accenni all'impegno di predica-

[34] Cfr. *Hesiod, Theogony* cit., pp. 31 sgg.
[35] Cfr. *La cultura* cit., p. 72.

zione di verità nuove che egli attribuiva al suo fare poesia; sono casi questi in cui evidentemente Esiodo non sa che pensare in termini tradizionali, il *térpein* omerico, tanto per intendersi, e i nuovi ruoli che egli stesso per primo attribuisce alla poesia non ha ancora imparato ad elevarli al rango di elementi della definizione di essa; 5) ancora un'altra categoria di entità divine è quella costituita dagli elementi del mondo fisico vero e proprio, come Urano, Ponto, Etere, Montagne, ecc.; 6) infine abbiamo le personificazioni di astratti, come Sonno, Sogni, Morte, Contesa, ecc.

Queste entità sono raggruppate in famiglie unite in genere dal legame dell'affinità dei caratteri; ciò, naturalmente, nei limiti del possibile; dove, per es., la tradizione consegnava certi rapporti di discendenza che non obbedivano a questo criterio non c'era per il poeta alcuna possibilità di intervento. In linea generale e unicamente al livello di tendenza si può forse pensare che quando i vincoli genealogici ci appaiono fondati su criteri di affinità molto evidente lì c'è probabile un intervento del poeta che stabiliva genealogie e legami di parentela in assenza di dati della tradizione. Due casi abbastanza vistosi di questo genere sono forse quelli rappresentati dalle discendenze rispettivamente di Notte (vv. 211 sgg.) e di Contesa (vv. 226 sgg.).

GRAZIANO ARRIGHETTI

GIUDIZI CRITICI

I

Ecco come Erodoto colloca cronologicamente Omero ed Esiodo e quale ruolo attribuisce a loro nella storia della cultura greca:

«Omero ed Esiodo, per quanto riguarda la loro cronologia, io credo che siano più antichi di me di quattrocento anni, non più. Sono loro che hanno creato la teogonia dei Greci, sia attribuendo i nomi agli dèi, sia distinguendo le loro prerogative e le competenze, sia descrivendo il loro aspetto.»

(Erodoto, *Storie* 2, 53, 1)

II

Del tratto più vistoso della personalità poetica di Esiodo, l'aver egli dichiarato il proprio nome e parlato di sé, Velleio Patercolo, lo storico della prima età imperiale, dà una spiegazione singolare:

«A quest'epoca, a circa centovent'anni da Omero, appartiene Esiodo, uomo di raffinato ingegno e degno di essere ricordato per la molle dolcezza della sua poesia, desiderosissimo di tranquillità e di pace... il quale ebbe cura che non gli capitasse l'inconveniente in cui era incorso Omero, e dichiarò la patria e i genitori.»

(Velleio Patercolo, *Storia Romana* 1, 7, 1)

III

La prima impressione che la Teogonia *suscita – e forse anche l'intento che Esiodo con quest'opera perseguiva – è quello che in essa sia proposta una sistemazione del mondo* sub specie divina*; ma qual è la concezione di fondo che governa questa visione? Bruno Snell tenta una risposta al problema della presenza di certi elementi orridi nel poema che lo fanno così diverso dai poemi omerici:*

«Ma questi orrori primordiali hanno in Esiodo un significato particolare, nonostante l'origine orientale scoperta di recente (e di cui prendiamo atto volentieri). Essi non sono, nella *Teogonia*, fine a se stessi, in funzione di una connessione più ampia: tutte le atrocità sono avvenute prima che Zeus instaurasse l'ordine e la giustizia, e sono dunque relegate in un mondo che non ha nulla a che fare con il cosmo attuale.

Anche a prescindere da questi miti primitivi, il negativo, l'inquietante, ha in Esiodo un'importanza assai maggiore che in Omero – e questo punto merita di essere esaminato un po' più da vicino. Quando cantava gli eroi e le loro imprese, Omero poteva descrivere un mondo di pura luce, dove gli aspetti notturni della realtà quasi scomparivano. Ma Esiodo, che si propone di dare un quadro realistico del mondo, non può fare come se le ombre non esistessero; nella sua *Teogonia* ciò che minaccia l'uomo, l'orrido e l'informe, ha una parte molto più importante che in Omero, poiché la *sua* poesia vuol dare la verità e non belle menzogne. In questo senso la sua posizione rispetto ad Omero è come quella di Tucidide rispetto a Erodoto.

Come questo lato notturno dell'essere sia possibile anche sotto il dominio di Zeus, anche nel mondo bene ordinato, rappresenta per Esiodo un difficile problema religioso, ed è problema che travaglierà sempre di nuovo le anime pie, e che egli cerca per primo di risolvere – segnando la via a tutti i successivi tentativi di soluzione.»

(B. Snell, *La cultura greca e le origini del pensiero europeo*, trad. it., Torino 1963, pp. 79-80).

IV

L'imponente e quasi lussureggiante costruzione mitica della Teogonia *pone, fra i tanti, un problema che per noi, nella nostra mentalità razionalistica, appare fra i più ardui: quali motivi stavano alla base della scelta esiodea di usare questo strumento mitico per esporre la sua visione del mondo?*

«La cornice narrativa della *Teogonia* include molte descrizioni e accenni coi quali Esiodo dà conto non di ciò che è accaduto una volta nel passato, ma narra la situazione attuale e duratura. Anche le storie dell'età primigenia, i miti degli dèi e del mondo, servono in larga misura a render chiara la realtà presente sotto l'aspetto del divenire e dell'esser divenuto. Presso tutti i popoli la speculazione primitiva, ancora incapace di pensiero astratto, veste le sue idee della forma della narrazione mitica: anche Platone ha parlato per miti quando ha voluto dare una forma all'ineffabile. Tali miti non pretendono di esser presi troppo alla lettera... Fino a che punto Esiodo ha ritenuto anche letteralmente vere le sue leggende così ricche di significato? Notoriamente per certe cose non si dà solo la fede o l'incredulità, ma, fra un radicale sì o no, ci sono anche tutte le gradazioni d'ombra e non si può stabilire nei singoli dettagli la maniera in cui Esiodo voleva che le sue storie fossero intese alla lettera. In ogni modo, anche nel suo caso ci sono dei miti che sono poco più che un modo per attribuire una veste a qualcosa che il poeta non sarebbe stato capace di formulare direttamente. Una veste può essere cambiata a seconda del bisogno, e Esiodo, come Platone, ha espresso la medesima verità per mezzo di differenti modi che, presi alla lettera, si escluderebbero a vicenda.»

(Hermann Fränkel, *Dichtung und Philosophie des frühen Griechentums*, München 1962, p. 108).

V

Hermann Fränkel aveva proposto una chiave di lettura della Teogonia *e soprattutto una maniera di intendere e di spiegare la legittimità della presenza di alcune parti apparentemente contraddittorie. Difficoltà di questo genere hanno ridotto, nel passato specialmente, il testo del poema di Esiodo a campo di esercitazioni per applicare criteri di giudizio aventi come conseguenza proposte di espunzioni di tutte le dimensioni. Qui, in un lavoro del 1956, Kurt von Fritz richiama saggiamente alcuni doveri di carattere metodico ai quali qualunque proposta di espunzione deve sottostare:*

«Non c'è alcun dubbio che non tutto ciò che nei manoscritti della *Teogonia* è tramandato come appartenente a questo poema risale all'autore originario. Era altrettanto inevitabile che i molteplici tentativi di distinguere l'originario dalle aggiunte seriori conducessero a risultati troppo divergenti l'uno dall'altro. Si possono però avanzare dei dubbi sul fatto che, dopo la discussione così ramificata ed estesa come quella che si è data negli ultimi anni, i risultati avrebbero continuato ad essere così divergenti nel caso che si fossero rispettati due principi metodici che a me paiono fondamentali. Il primo di questi principi è che l'interpretazione ha la priorità su qualsiasi teoria relativa a interpolazioni o trasposizioni o stratificazioni o sviluppi. Per quanto riguarda le interpolazioni ciò significa che anch'esse, nella misura in cui non si tratti di interpolazioni casuali di carattere meccanico — cioè a dire osservazioni marginali inseritesi nel testo per errore dello scriba — dovranno essere interpretate e chiarite alla luce dello scopo che esse perseguono nel complesso in cui si trovano.

Solo dopo che ciò è accaduto si può discutere se si tratta o no di un'interpolazione. Il metodo ampiamente diffuso per cui ciò che lo studioso non capisce viene attribuito ad un interpolatore stupido e su questo si costruiscono ulteriori ipotesi, rappresenta un incentivo al fraintendimento, poiché tanto più delle belle teorie sull'interpolazione hanno modo di essere quanto meno il loro autore ha capito.

Il secondo principio è che un passo difficile deve essere inteso non solo in rapporto al contesto prossimo ma anche e soprattutto sulla base del complesso più ampio in cui è inserito; inoltre la spiegazione sulla base del complesso più ampio, sempre interno all'opera, ha la preminenza su altri generi di spiegazione fondati su elementi addotti dall'esterno.»

(Kurt von Fritz, *Das Proömium der hesiodischen Theogonie*, Festschrift B. Snell, München 1956, p. 29).

NOTA BIBLIOGRAFICA

EDIZIONI

Con l'*editio maior* di A. Rzach del 1902 (*Hesiodi carmina*, Leipzig) si aprì una nuova epoca nella storia degli studi sul testo di Esiodo. L'attento e imponente lavoro di quello studioso, caratterizzato dall'ampia revisione dei codici e dalla preziosa raccolta di *loci similes*, allusioni, citazioni, ha costituito la base e un modello per l'attività editoriale posteriore.

Nel 1930, ad opera di F. Jacoby, vedeva la luce un'edizione della *Teogonia* (*Hesiodi carmina* rec. F. Jacoby. Pars I *Teogonia*, Berolini MCMXXX) che avrebbe dovuto esser seguita da un commentario e da un'edizione delle *Opere e giorni* ma né l'uno né l'altra videro mai la luce. La parte veramente importante di questo lavoro non è tanto l'edizione – caratterizzata da vastissime espunzioni che arrivano, in totale, ad interessare circa la metà del testo tramandato – quanto l'ampia introduzione che affronta tutta la problematica dell'opera e della personalità poetica di Esiodo. Questa edizione di Jacoby, se non altro, ebbe il merito di stimolare una fondamentale recensione di P. Friedländer, polemica e ad un tempo di grandissimo valore da un punto di vista metodologico, apparsa in «Göttingische gelehrte Anzeigen» 93 (1931) pp. 241-266, ristampata in E. Heitsch (a c. di), *Hesiod*, Darmstadt 1966, pp. 100-130; trad. ital. in G. Arrighetti (a cura di), *Esiodo. Opere*, Torino 1998, pp. 495-510. Presso C. Ampolo (a c. di), *Aspetti dell'opera di Felix Jacoby*, Pisa 2006, sulle ricerche esiodee di Jacoby, cfr. G.W. Most, *Jacoby's Hesiod: Dissonances of an Anti-Harmonist* pp. 45-62 e G. Arrighetti, *Risposta a Glenn W. Most*, *ibid*. pp. 63-68. In generale ispirata a un sano buon senso è l'edizione della Collection des Universités de France (Les Belles Lettres): *Hésiode. Théogonie, Les travaux et les jours, Le bouclier*, Texte établi et traduit par P. Mazon, più volte ristampata.

Nella seconda metà del secolo scorso sono apparse in Inghilterra due nuove importanti edizioni della *Teogonia*, una nel 1966 con ampia introduzione e un imponente commento a c. di M.L. West (*Hesiod. Theogony*, Edited with Prolegomena and Commentary, Oxford), l'altra, del 1990, è una edizione completa del *corpus* esiodeo, comprendente anche un'ampia scelta dei frammenti, a cura di Fr. Solmsen (*Hesiodi Theogonia, Opera et Dies, Scutum* ed. Fr. Solmsen, *Fragmenta selecta* ediderunt R. Merkelbach et M.L. West, Oxford[3]). L'edizione commentata di West costituisce uno strumento indispensabile di ricerca: la costituzione del testo è fondata su una completa revisione della tradizione manoscritta, l'introduzione e il commento affrontano, sulla base di una ricca informazione, la problematica relativa all'opera esiodea. L'edizione di Solmsen, oltre al resto, testimonia di un interessante momento dell'evoluzione percorsa dal grande studioso nel suo approccio a Esiodo i cui estremi sono rappresentati dal volume *Hesiod and Aeschylus*, New York 1949, che si proponeva come una «historical analysis of Hesiod's thought», al contributo del 1982 *The Earliest Stages in the History of Hesiod's Text* in «Harvard Studies in Classical Philology» 86 (1982) pp. 1-31, nel quale tutta l'attenzione era concentrata sullo sforzo di individuare nel testo esiodeo ampliamenti, interventi di rapsodi, interpolazioni, che Solmsen rilevava in gran quantità, sulla base di criteri tutt'altro che certi e scarsamente condivisibili. In Italia sono state pubblicate due edizioni, da A. Colonna, *Esiodo. Teogonia, Opere e Giorni, Catalogo delle donne, Poemetti*, Torino 1977, e da G. Arrighetti, *Esiodo. Opere*, Torino 1998. Infine è da segnalare *Hesiod I. Theogony, Works and Days, Testimonia*; *Hesiod II. The Shield, Catalogue of Women, Other Fragments*, Ed. and Transl. by G.W. Most, Cambridge (Mass.)-London 2006, 2007.

ALTRA BIBLIOGRAFIA

Esistono alcune importanti e utili raccolte di saggi critici su Esiodo contenenti anche importanti contributi specifici sulla *Teogonia*: *Hésiode et son influence*, Entretiens sur l'antiquité classique VII, Vandoeuvres-Genève 1962; *Hesiod*, hrsgg. von E. Heitsch, «Wege der Forschung» 44, Darmstadt 1966; F. Blaise, P. Judet de La Combe, P. Rousseau (sous la direction), *Le métier du mythe. Lectures d'Hésiode*, Lille 1996; G. Arrighetti (a c. di),

Esiodo. Letture critiche, Milano 1975. Di recente sono stati pubblicati: *Brill's Companion to Hesiod*, ed. by F. Montanari, A. Rengakos, Chr. Tsagalis, Leiden-Boston 2009; *Plato and Hesiod* ed. by G.R. Boys-Stones and J.H. Haubold, Oxford 2010, dedicato in particolare al rapporto del filosofo col poeta, contenente contributi di grande importanza per una più precisa valutazione di Esiodo nella storia della cultura greca.

Sulla struttura e i caratteri generali della *Teogonia* sono da vedere: F. Schwenn, *Die Theogonie Hesiods*, Heidelberg 1934; G.S. Kirk, *The Structure and Aim of the Theogony*, Entretiens sur l'antiquité classique cit.; B.A. van Groningen, *La composition littéraire archaïque grecque*, Amsterdam 1960², pp. 256 sgg.; Fr. Solmsen, *Hesiod and Aeschylus*, New York 1949; H. Fränkel, *Dichtung und Philosophie des frühen Griechentums*, II Aufl., München 1962 (trad. ital. Bologna 1997); R. Hamilton, *The Architecture of Hesiodic Poetry*, Baltimore 1989; R. Lamberton, *Hesiod*, New Haven (Conn.)-London 1988; A.N. Athanassakis (a c. di), *Essays on Hesiod*, «Ramus» 21 (1996).

Sul rapporto di Esiodo con la tradizione poetica: H. Maehler, *Die Auffassung des Dichterberufs im frühen Griechentum bis zur Zeit Pindars*, Göttingen 1963; F. Krafft, *Vergleichende Untersuchungen zu Homer und Hesiod*, Göttingen 1963; C.O. Pavese, *Tradizioni e generi poetici nella Grecia arcaica*, Roma 1972 e *Studi sulla tradizione epica rapsodica*, Roma 1974; G. Arrighetti, *Poeti, eruditi e biografi. Momenti della riflessione dei Greci sulla letteratura*, Pisa 1987, pp. 13-52; M. Puelma, *Der Dichter und die Wahrheit in der griechischen Poetik von Homer bis Aristoteles*, «Museum Helveticum» 29 (1989) pp. 86 sgg.; G. Arrighetti, *Poesia, poetiche e storia nella riflessione dei Greci. Studi*, Pisa 2006, pp. 3-70.

Particolarmente dedicati al patrimonio espressivo di Esiodo sono: I. Sellschopp, *Stilistische Untersuchungen zu Hesiod*, Hamburg 1934; A. Hoekstra, *Hésiode et la tradition orale. Contribution à l'étude du style formulaire*, «Mnemosyne» S. IV 10 (1957) pp. 193-225; H. Troxler, *Sprache und Wortschatz Hesiods*, Zürich 1964; G.P. Edwards, *The Language of Hesiod in its Traditional Context*, Oxford 1971; M.-C. Leclerc, *La parole chez Hésiode. À la recherche de l'harmonie perdue*, Paris 1993.

Sul proemio del poema, uno dei più importanti programmi di poetica della grecità, cfr.: K. Latte, *Hesiods Dichterweihe*, in

Kleine Schriften, München 1968, pp. 60-75; H. Podbielski, *Der Dichter und die Musen im Prooimion der hesiodeischen Theogonie*, «Eos» 82 (1994) pp. 173-188; H. Neitzel, *Hesiod und die lügenden Musen. Zur Interpretation von «Theogonie» 27 f.*, «Hermes» 108 (1980) pp. 387-401; W.H. Race, *How Greek Poems Begin*, «Yale Classical Studies» 29 (1992) pp. 13-38.

Sul rapporto della *Teogonia* con le mitologie del Vicino Oriente cfr.: P. Meriggi, *I miti di Kumarpi, il Kronos currico*, «Athenaeum» n.s. 31 (1953) pp. 101-157; Fr. Solmsen, *The Two Near Eastern Sources of Hesiod*, «Hermes» 117 (1989) pp. 413-422; C. Penglase, *Greek Myths and Mesopotamia: Parallels and Influence in the Homeric Hymns and Hesiod*, London-New York 1994; M.L. West, *The East Face of Helicon: West Asiatic Elements in Greek Poetry and Myth*, Oxford 1997.

Sui problemi del delicato e complesso rapporto di Esiodo, in particolare della *Teogonia*, con le origini del pensiero greco cfr.: O. Gigon, *Der Ursprung der griechischen Philosophie*, Basel 1945; C. Rowe, *"Archaic Thought" in Hesiod*, «Journal of Hellenic Studies» 103 (1983) pp. 124-135; G. Nagy, *Greek Mythology and Poetics*, Ithaca (N.Y.)-London 1990; gli studi di P. Philippson, *Genealogie als Mythische Form*, di H. Diller, *Hesiod und die Anfänge der griechischen Philosophie*, di B. Snell, *Die Welt der Götter bei Hesiod*, ristampati in E. Heitsch, *Hesiod* cit.

Per la cosmologia e la visione del mondo nella *Teogonia* cfr. Fr. Solmsen, *Chaos und Apeiron*, in *Kleine Schriften I*, Hildesheim 1968, pp. 68-81; M. L. Stokes, *Hesiodic and Milesian Cosmogonies*, «Phronesis» 7 (1962) pp. 1-37; 8 (1963) pp. 1-34; R. Mondi, Χάος *and the Hesiodic Cosmogony*, «Harvard Studies in Classical Philology» 92 (1989) pp. 1-41; J.-U. Schmidt, *Die Aufrichtung der Zeusherrschaft als Model. Überlegungen zur «Theogonie» des Hesiod*, «Würzburger Jahrbücher für die Altertumswissenschaft» 14 (1988) pp. 36-69; 15 (1989) pp. 17-37.

NOTA AL TESTO

Il testo che qui viene stampato segue sostanzialmente quello pubblicato da West, *Hesiod. Theogony* cit. anche se talora, come si è avuto cura di avvertire nel commento, se ne allontana, soprattutto per quanto riguarda le espunzioni. Così facendo non si intende esprimere la sicurezza che tutta la *Teogonia*, ogni parola e ogni verso, siano genuini, ma solo scetticismo sull'attendibilità di certi criteri per procedere a distinzioni in merito, come ha dimostrato chiaramente il procedere della ricerca; Esiodo è un eccezionale *unicum* e ancora non lo si è capito e spiegato appieno. Friedrich Solmsen, nel suo *Hesiod and Aeschylus*, osservava che «l'analisi del testo di Esiodo è una condizione primaria per procedere all'analisi del suo pensiero, ma dovrebbe essere ugualmente evidente che il lavoro di ricostruzione del testo non sarà mai completata, e che sarebbe irragionevole aspettare che il tentativo di studiare il pensiero di Esiodo [...] debba attendere che il lavoro critico sul testo abbia portato a termine il suo compito fino a rimuovere l'ultimo dubbio»; e, da parte sua, Paul Friedländer, a proposito dell'edizione della *Teogonia* di Jacoby, aveva scritto che «già all'epoca di Eschilo e di Pindaro [la *Teogonia*] non aveva una consistenza diversa da quella dei manoscritti bizantini. E in tal caso abbiamo il dovere di interpretare *anche* il testo dei rapsodi del sesto secolo».

TEOGONIA
[ΘΕΟΓΟΝΙΑ]

Μουσάων Ἑλικωνιάδων ἀρχώμεθ' ἀείδειν,
αἵ θ' Ἑλικῶνος ἔχουσιν ὄρος μέγα τε ζάθεόν τε,
καί τε περὶ κρήνην ἰοειδέα πόσσ' ἁπαλοῖσιν
ὀρχεῦνται καὶ βωμὸν ἐρισθενέος Κρονίωνος·
καί τε λοεσσάμεναι τέρενα χρόα Περμησσοῖο
ἠ' Ἵππου κρήνης ἠ' Ὀλμειοῦ ζαθέοιο
ἀκροτάτῳ Ἑλικῶνι χοροὺς ἐνεποιήσαντο,
καλοὺς ἱμερόεντας, ἐπερρώσαντο δὲ ποσσίν.
ἔνθεν ἀπορνύμεναι κεκαλυμμέναι ἠέρι πολλῷ
ἐννύχιαι στεῖχον περικαλλέα ὄσσαν ἱεῖσαι,
ὑμνεῦσαι Δία τ' αἰγίοχον καὶ πότνιαν Ἥρην
Ἀργείην, χρυσέοισι πεδίλοις ἐμβεβαυῖαν,
κούρην τ' αἰγιόχοιο Διὸς γλαυκῶπιν Ἀθήνην
Φοῖβόν τ' Ἀπόλλωνα καὶ Ἄρτεμιν ἰοχέαιραν
ἠδὲ Ποσειδάωνα γαιήοχον ἐννοσίγαιον
καὶ Θέμιν αἰδοίην ἑλικοβλέφαρόν τ' Ἀφροδίτην
Ἥβην τε χρυσοστέφανον καλήν τε Διώνην
Λητώ τ' Ἰαπετόν τε ἰδὲ Κρόνον ἀγκυλομήτην
Ἠῶ τ' Ἠέλιόν τε μέγαν λαμπράν τε Σελήνην
Γαῖάν τ' Ὠκεανόν τε μέγαν καὶ Νύκτα μέλαιναν
ἄλλων τ' ἀθανάτων ἱερὸν γένος αἰὲν ἐόντων.
αἵ νύ ποθ' Ἡσίοδον καλὴν ἐδίδαξαν ἀοιδήν,
ἄρνας ποιμαίνονθ' Ἑλικῶνος ὕπο ζαθέοιο.
τόνδε δέ με πρώτιστα θεαὶ πρὸς μῦθον ἔειπον,

Cominciamo il canto dalle Muse eliconie
che di Elicone possiedono il monte grande e divino;
e, intorno alla fonte scura, coi teneri piedi
danzano, e all'altare del forte figlio di Crono;
e bagnate le delicate membra nel Permesso
o nell'Ippocrene o nell'Olmeio divino
sul più alto dell'Elicone intrecciavano danze,
belle e soavi, e si muovevano coi piedi veloci.
Di lì levatesi, nascoste da molta nebbia,
notturne andavano, levando la loro bella voce;
celebrando l'egioco Zeus e Era signora
argiva, dagli aurei calzari,
e la figlia dell'egioco Zeus, la glaucopide Atena,
e Febo Apollo, e Artemide saettatrice,
e Posidone, signore della terra, scuotitore del suolo,
e Temi veneranda, e Afrodite begli-occhi,
e Ebe dall'aurea corona, e la bella Dione,
e Leto e Iapeto e Crono dai torti pensieri,
e Aurora, e Sole grande e Luna splendente,
e Gaia, e il grande Oceano, e la nera Notte,
e degli altri immortali, sempre viventi, la sacra stirpe.
  Esse una volta a Esiodo insegnarono un canto bello,
mentre pasceva gli armenti sotto il divino Elicone;
questo discorso, per primo, a me rivolsero le dee,

Μοῦσαι Ὀλυμπιάδες, κοῦραι Διὸς αἰγιόχοιο·
"ποιμένες ἄγραυλοι, κάκ' ἐλέγχεα, γαστέρες οἶον,
ἴδμεν ψεύδεα πολλὰ λέγειν ἐτύμοισιν ὁμοῖα,
ἴδμεν δ' εὖτ' ἐθέλωμεν ἀληθέα γηρύσασθαι."
ὣς ἔφασαν κοῦραι μεγάλου Διὸς ἀρτιέπειαι,
καί μοι σκῆπτρον ἔδον δάφνης ἐριθηλέος ὄζον
δρέψασαι, θηητόν· ἐνέπνευσαν δέ μοι αὐδὴν
θέσπιν, ἵνα κλείοιμι τά τ' ἐσσόμενα πρό τ' ἐόντα,
καί μ' ἐκέλονθ' ὑμνεῖν μακάρων γένος αἰὲν ἐόντων,
σφᾶς δ' αὐτὰς πρῶτόν τε καὶ ὕστατον αἰὲν ἀείδειν.
ἀλλὰ τίη μοι ταῦτα περὶ δρῦν ἢ περὶ πέτρην;
τύνη, Μουσάων ἀρχώμεθα, ταὶ Διὶ πατρὶ
ὑμνεῦσαι τέρπουσι μέγαν νόον ἐντὸς Ὀλύμπου,
εἴρουσαι τά τ' ἐόντα τά τ' ἐσσόμενα πρό τ' ἐόντα,
φωνῇ ὁμηρεῦσαι, τῶν δ' ἀκάματος ῥέει αὐδὴ
ἐκ στομάτων ἡδεῖα· γελᾷ δέ τε δώματα πατρὸς
Ζηνὸς ἐριγδούποιο θεᾶν ὀπὶ λειριοέσσῃ
σκιδναμένῃ, ἠχεῖ δὲ κάρη νιφόεντος Ὀλύμπου
δώματά τ' ἀθανάτων· αἱ δ' ἄμβροτον ὄσσαν ἱεῖσαι
θεῶν γένος αἰδοῖον πρῶτον κλείουσιν ἀοιδῇ
ἐξ ἀρχῆς, οὓς Γαῖα καὶ Οὐρανὸς εὐρὺς ἔτικτεν,
οἵ τ' ἐκ τῶν ἐγένοντο, θεοὶ δωτῆρες ἐάων·
δεύτερον αὖτε Ζῆνα θεῶν πατέρ' ἠδὲ καὶ ἀνδρῶν,
[ἀρχόμεναί θ' ὑμνεῦσι θεαὶ † λήγουσαί τ' ἀοιδῆς,]
ὅσσον φέρτατός ἐστι θεῶν κάρτει τε μέγιστος·
αὖτις δ' ἀνθρώπων τε γένος κρατερῶν τε Γιγάντων
ὑμνεῦσαι τέρπουσι Διὸς νόον ἐντὸς Ὀλύμπου
Μοῦσαι Ὀλυμπιάδες, κοῦραι Διὸς αἰγιόχοιο.
τὰς ἐν Πιερίῃ Κρονίδῃ τέκε πατρὶ μιγεῖσα
Μνημοσύνη, γουνοῖσιν Ἐλευθῆρος μεδέουσα,
λησμοσύνην τε κακῶν ἄμπαυμά τε μερμηράων.
ἐννέα γάρ οἱ νύκτας ἐμίσγετο μητίετα Ζεὺς

le Muse d'Olimpo, figlie dell'egioco Zeus:
«O pastori, cui la campagna è casa, mala genìa, solo ventre;
noi sappiamo dire molte menzogne simili al vero,
ma sappiamo anche, quando vogliamo, il vero cantare».
Così dissero le figlie del grande Zeus, abili nel parlare,
e come scettro mi diedero un ramo d'alloro fiorito,
dopo averlo staccato, meraviglioso; e m'ispirarono il canto
divino, perché cantassi ciò che sarà e ciò che è,
e mi ordinarono di cantare la stirpe dei beati, sempre viventi;
ma esse per prime, e alla fine, sempre.
Ma a che tali discorsi sulla quercia e la roccia?

Orsù, dalle Muse iniziamo, che a Zeus padre
inneggiando col canto rallegrano la mente grande in Olimpo;
dicendo ciò che è, ciò che sarà, ciò che fu,
con voce concorde; e instancabile scorre la voce
dalle loro bocche, dolce. Ride la casa del padre
Zeus tonante, delle dee alla voce delicata
che si diffonde; e risuona la cima dell'Olimpo nevoso
e la dimora degli immortali; esse la divina voce levando
degli dèi la venerata stirpe per prima celebrano col canto
fin dall'inizio; quelli che Gaia e Urano ampio generarono,
e quegli dèi che da loro nacquero, dispensatori di beni;
e dopo, come secondo, Zeus, degli dèi padre e degli uomini,
che le dee celebrano cominciando e terminando il canto;
quanto egli sia il migliore degli dèi, e per la forza il più grande;
poi degli umani la stirpe e dei possenti Giganti,
cantando rallegrano in Olimpo la mente di Zeus,
le Muse olimpie, figlie di Zeus egioco.

Le partorì nella Pieria, unitasi al padre Cronide,
Mnemosine, dei clivi d'Eleutere regina,
che fossero oblio dei mali e tregua alle cure.
Per nove notti ad essa si unì il prudente Zeus,

νόσφιν ἀπ' ἀθανάτων ἱερὸν λέχος εἰσαναβαίνων·
ἀλλ' ὅτε δή ῥ' ἐνιαυτὸς ἔην, περὶ δ' ἔτραπον ὧραι
μηνῶν φθινόντων, περὶ δ' ἤματα πόλλ' ἐτελέσθη,
ἡ δ' ἔτεκ' ἐννέα κούρας, ὁμόφρονας, ᾗσιν ἀοιδὴ
μέμβλεται ἐν στήθεσσιν, ἀκηδέα θυμὸν ἐχούσαις,
τυτθὸν ἀπ' ἀκροτάτης κορυφῆς νιφόεντος Ὀλύμπου·
ἔνθά σφιν λιπαροί τε χοροὶ καὶ δώματα καλά,
πὰρ δ' αὐτῇς Χάριτές τε καὶ Ἵμερος οἰκί' ἔχουσιν
ἐν θαλίῃς· ἐρατὴν δὲ διὰ στόμα ὄσσαν ἱεῖσαι
μέλπονται, πάντων τε νόμους καὶ ἤθεα κεδνὰ
ἀθανάτων κλείουσιν, ἐπήρατον ὄσσαν ἱεῖσαι.
αἳ τότ' ἴσαν πρὸς Ὄλυμπον, ἀγαλλόμεναι ὀπὶ καλῇ,
ἀμβροσίῃ μολπῇ· περὶ δ' ἴαχε γαῖα μέλαινα
ὑμνεύσαις, ἐρατὸς δὲ ποδῶν ὕπο δοῦπος ὀρώρει
νισομένων πατέρ' εἰς ὅν· ὁ δ' οὐρανῷ ἐμβασιλεύει,
αὐτὸς ἔχων βροντὴν ἠδ' αἰθαλόεντα κεραυνόν,
κάρτει νικήσας πατέρα Κρόνον· εὖ δὲ ἕκαστα
ἀθανάτοις διέταξε νόμους καὶ ἐπέφραδε τιμάς.
ταῦτ' ἄρα Μοῦσαι ἄειδον Ὀλύμπια δώματ' ἔχουσαι,
ἐννέα θυγατέρες μεγάλου Διὸς ἐκγεγαυῖαι,
Κλειώ τ' Εὐτέρπη τε Θάλειά τε Μελπομένη τε
Τερψιχόρη τ' Ἐρατώ τε Πολύμνιά τ' Οὐρανίη τε
Καλλιόπη θ'· ἡ δὲ προφερεστάτη ἐστὶν ἁπασέων.
ἡ γὰρ καὶ βασιλεῦσιν ἅμ' αἰδοίοισιν ὀπηδεῖ.
ὅντινα τιμήσουσι Διὸς κοῦραι μεγάλοιο
γεινόμενόν τε ἴδωσι διοτρεφέων βασιλήων,
τῷ μὲν ἐπὶ γλώσσῃ γλυκερὴν χείουσιν ἐέρσην,
τοῦ δ' ἔπε' ἐκ στόματος ῥεῖ μείλιχα· οἱ δέ νυ λαοὶ
πάντες ἐς αὐτὸν ὁρῶσι διακρίνοντα θέμιστας
ἰθείῃσι δίκῃσιν· ὁ δ' ἀσφαλέως ἀγορεύων
αἶψά τι καὶ μέγα νεῖκος ἐπισταμένως κατέπαυσε·
τούνεκα γὰρ βασιλῆες ἐχέφρονες, οὕνεκα λαοῖς
βλαπτομένοις ἀγορῆφι μετάτροπα ἔργα τελεῦσι

lungi dagli immortali, il sacro letto ascendendo;
ma quando fu un anno e si volsero le stagioni
al decrescer dei mesi, e molti giorni furono compiuti,
allora lei partorì nove fanciulle di uguale sentire, a cui
[il canto
è caro nel petto, e intatto da cura hanno il cuore,
poco lontano dalla più alta vetta dell'Olimpo nevoso;
e là sono i loro splendidi cori e la bella dimora;
vicino a loro stanno le Grazie e Desiderio
nelle feste; e loro dalla bocca l'amabile voce levando
cantano le leggi e i saggi costumi
degli immortali celebrano, l'amabile voce levando.
Esse allora andarono all'Olimpo, fiere della bella voce,
con l'immortale canto; e attorno risuonava la terra nera
ai loro inni, e amabile sotto i loro piedi un suono si alzava
all'incedere verso il padre che regna in cielo,
lui, signore del tuono e della folgore fiammeggiante,
che con la forza vinse il padre Crono, e bene ogni cosa
fra gli immortali divise ugualmente e distribuì gli onori.
Ciò dunque le Muse cantavano, che abitano le olimpie
[dimore,
le nove figlie dal grande Zeus generate,
Clio e Euterpe e Talia e Melpomene,
Tersicore e Erato e Polimnia e Urania,
e Calliope, che è la più illustre di tutte.
Essa infatti i re venerati accompagna:
quello che onorano le figlie di Zeus grande,
e quando nasce lo guardano, fra i re nutriti da Zeus,
a lui sulla lingua versano dolce rugiada,
e dalla sua bocca scorrono dolci parole; le genti
tutte guardano a lui che la giustizia amministra
con retti giudizi; mentre lui parla sicuro,
subito, anche una grande contesa, placa sapientemente;
perché è per questo che i re sono saggi, perché alle genti
offese nell'assemblea danno riparazione

ῥηιδίως, μαλακοῖσι παραιφάμενοι ἐπέεσσιν·
ἐρχόμενον δ' ἀν' ἀγῶνα θεὸν ὣς ἱλάσκονται
αἰδοῖ μειλιχίῃ, μετὰ δὲ πρέπει ἀγρομένοισι.
τοίη Μουσάων ἱερὴ δόσις ἀνθρώποισιν.
ἐκ γάρ τοι Μουσέων καὶ ἑκηβόλου Ἀπόλλωνος
ἄνδρες ἀοιδοὶ ἔασιν ἐπὶ χθόνα καὶ κιθαρισταί,
ἐκ δὲ Διὸς βασιλῆες· ὁ δ' ὄλβιος, ὅντινα Μοῦσαι
φίλωνται· γλυκερή οἱ ἀπὸ στόματος ῥέει αὐδή.
εἰ γάρ τις καὶ πένθος ἔχων νεοκηδέι θυμῷ
ἄζηται κραδίην ἀκαχήμενος, αὐτὰρ ἀοιδὸς
Μουσάων θεράπων κλεῖα προτέρων ἀνθρώπων
ὑμνήσει μάκαράς τε θεοὺς οἳ Ὄλυμπον ἔχουσιν,
αἶψ' ὅ γε δυσφροσυνέων ἐπιλήθεται οὐδέ τι κηδέων
μέμνηται· ταχέως δὲ παρέτραπε δῶρα θεάων.
χαίρετε τέκνα Διός, δότε δ' ἱμερόεσσαν ἀοιδήν·
κλείετε δ' ἀθανάτων ἱερὸν γένος αἰὲν ἐόντων,
οἳ Γῆς ἐξεγένοντο καὶ Οὐρανοῦ ἀστερόεντος,
Νυκτός τε δνοφερῆς, οὓς θ' ἁλμυρὸς ἔτρεφε Πόντος.
εἴπατε δ' ὡς τὰ πρῶτα θεοὶ καὶ γαῖα γένοντο
καὶ ποταμοὶ καὶ πόντος ἀπείριτος οἴδματι θυίων
ἄστρά τε λαμπετόωντα καὶ οὐρανὸς εὐρὺς ὕπερθεν·
[οἵ τ' ἐκ τῶν ἐγένοντο, θεοὶ δωτῆρες ἐάων·]
ὥς τ' ἄφενος δάσσαντο καὶ ὡς τιμὰς διέλοντο,
ἠδὲ καὶ ὡς τὰ πρῶτα πολύπτυχον ἔσχον Ὄλυμπον.
ταῦτά μοι ἔσπετε Μοῦσαι Ὀλύμπια δώματ' ἔχουσαι
ἐξ ἀρχῆς, καὶ εἴπαθ', ὅτι πρῶτον γένετ' αὐτῶν.
ἤτοι μὲν πρώτιστα Χάος γένετ'· αὐτὰρ ἔπειτα
Γαῖ' εὐρύστερνος, πάντων ἕδος ἀσφαλὲς αἰεὶ
ἀθανάτων οἳ ἔχουσι κάρη νιφόεντος Ὀλύμπου,
Τάρταρά τ' ἠερόεντα μυχῷ χθονὸς εὐρυοδείης,
ἠδ' Ἔρος, ὃς κάλλιστος ἐν ἀθανάτοισι θεοῖσι,
λυσιμελής, πάντων τε θεῶν πάντων τ' ἀνθρώπων
δάμναται ἐν στήθεσσι νόον καὶ ἐπίφρονα βουλήν.

facilmente, con le dolci parole placandole;
quando giunge nell'assemblea come un dio lo rispettano
con dolce reverenza, ed egli splende fra i convenuti.
Tale è delle Muse il sacro dono per gli uomini.
Dalle Muse infatti e da Apollo lungisaettante
sono gli aedi sulla terra e i citaristi,
da Zeus i re; beato colui che le Muse
amano; dolce dalla sua bocca scorre la voce;
se c'è qualcuno che per gli affanni nel petto recente di lutto
dissecca nel dolore il suo cuore, se un aedo
delle Muse ministro le glorie degli uomini antichi
celebra e gli dèi beati signori d'Olimpo,
subito egli scorda i dolori, né i lutti
rammenta perché presto lo distolgono i doni delle dee.
Salve figlie di Zeus, datemi l'amabile canto;
celebrate la sacra stirpe degli immortali, sempre viventi,
che da Gaia nacquero e da Urano stellato,
da Notte oscura, e quelli che nutrì il salso Mare;
dite come dapprima gli dèi e la terra nacquero
e i fiumi e il mare infinito di gonfiore furente,
e gli astri splendenti e il cielo ampio di sopra;
e quelli che da loro nacquero, gli dèi dispensatori di beni,
e come i beni si divisero e gli onori si spartirono,
e come dapprima ebbero Olimpo ricco di balzi.
Questo cantatemi o Muse, che abitate le olimpie dimore,
fin dal principio, e ditemi quale per primo nacque di loro.
Dunque, per primo fu Caos, e poi
Gaia dall'ampio petto, sede sicura per sempre di tutti
gli immortali che tengono la vetta nevosa d'Olimpo,
e Tartaro nebbioso nei recessi della terra dalle ampie strade,
poi Eros, il più bello fra gli immortali,
che rompe le membra, e di tutti gli dèi e di tutti gli uomini
doma nel petto il cuore e il saggio consiglio.

ἐκ Χάεος δ' Ἔρεβός τε μέλαινά τε Νὺξ ἐγένοντο·
Νυκτὸς δ' αὖτ' Αἰθήρ τε καὶ Ἡμέρη ἐξεγένοντο,
οὓς τέκε κυσαμένη Ἐρέβει φιλότητι μιγεῖσα.
Γαῖα δέ τοι πρῶτον μὲν ἐγείνατο ἶσον ἑωυτῇ
Οὐρανὸν ἀστερόενθ', ἵνα μιν περὶ πάντα καλύπτοι,
ὄφρ' εἴη μακάρεσσι θεοῖς ἕδος ἀσφαλὲς αἰεί,
γείνατο δ' οὔρεα μακρά, θεᾶν χαρίεντας ἐναύλους
Νυμφέων, αἳ ναίουσιν ἀν' οὔρεα βησσήεντα,
ἠδὲ καὶ ἀτρύγετον πέλαγος τέκεν οἴδματι θυῖον,
Πόντον, ἄτερ φιλότητος ἐφιμέρου· αὐτὰρ ἔπειτα
Οὐρανῷ εὐνηθεῖσα τέκ' Ὠκεανὸν βαθυδίνην
Κοῖόν τε Κρεῖόν θ' Ὑπερίονά τ' Ἰαπετόν τε
Θείαν τε Ῥείαν τε Θέμιν τε Μνημοσύνην τε
Φοίβην τε χρυσοστέφανον Τηθύν τ' ἐρατεινήν.
τοὺς δὲ μέθ' ὁπλότατος γένετο Κρόνος ἀγκυλομήτης,
δεινότατος παίδων, θαλερὸν δ' ἤχθηρε τοκῆα.
γείνατο δ' αὖ Κύκλωπας ὑπέρβιον ἦτορ ἔχοντας,
Βρόντην τε Στερόπην τε καὶ Ἄργην ὀβριμόθυμον,
οἳ Ζηνὶ βροντήν τ' ἔδοσαν τεῦξάν τε κεραυνόν.
οἱ δ' ἤτοι τὰ μὲν ἄλλα θεοῖς ἐναλίγκιοι ἦσαν,
μοῦνος δ' ὀφθαλμὸς μέσσῳ ἐνέκειτο μετώπῳ·
Κύκλωπες δ' ὄνομ' ἦσαν ἐπώνυμον, οὕνεκ' ἄρά σφεων
κυκλοτερὴς ὀφθαλμὸς ἕεις ἐνέκειτο μετώπῳ·
ἰσχὺς δ' ἠδὲ βίη καὶ μηχαναὶ ἦσαν ἐπ' ἔργοις.
ἄλλοι δ' αὖ Γαίης τε καὶ Οὐρανοῦ ἐξεγένοντο
τρεῖς παῖδες μεγάλοι ⟨τε⟩ καὶ ὄβριμοι, οὐκ ὀνομαστοί,
Κόττος τε Βριάρεώς τε Γύγης θ', ὑπερήφανα τέκνα.
τῶν ἑκατὸν μὲν χεῖρες ἀπ' ὤμων ἀίσσοντο,
ἄπλαστοι, κεφαλαὶ δὲ ἑκάστῳ πεντήκοντα
ἐξ ὤμων ἐπέφυκον ἐπὶ στιβαροῖσι μέλεσσιν·
ἰσχὺς δ' ἄπλητος κρατερὴ μεγάλῳ ἐπὶ εἴδει.
ὅσσοι γὰρ Γαίης τε καὶ Οὐρανοῦ ἐξεγένοντο,
δεινότατοι παίδων, σφετέρῳ δ' ἤχθοντο τοκῆι

Da Caos nacquero Erebo e nera Notte.
Da Notte provennero Etere e Giorno
che lei concepì a Erebo unita in amore.
Gaia per primo generò, simile a sé,
Urano stellato, che l'avvolgesse tutta d'intorno,
che fosse ai beati sede sicura per sempre.
Generò i monti grandi, grato soggiorno alle dee
Ninfe che hanno dimora sui monti ricchi d'anfratti;
essa generò anche il mare infecondo, di gonfiore furente,
Ponto, senza amore gradito; dopo,
con Urano giacendo, generò Oceano dai gorghi profondi,
e Coio e Crio e Iperione e Iapeto,
Teia Rea Temi e Mnemosine
e Foibe dall'aurea corona, e l'amabile Teti;
e dopo di questi, per ultimo, nacque Crono dai torti
[pensieri,
il più tremendo dei figli, e prese in odio il gagliardo suo
[genitore.
Generò poi i Ciclopi dal cuore superbo,
Bronte Sterope e Arge dal petto violento,
che a Zeus diedero il tuono e fabbricaron la folgore;
costoro nel resto erano simili agli dèi,
però solo un occhio avevano nel mezzo della fronte;
di Ciclopi avevano il nome veritiero perché
un solo occhio rotondo avevano nella fronte;
e vigore e forza e destrezza era in ogni loro opera.
Poi da Gaia e Urano nacquero altri
tre figli grandi e forti, che non si osa nominare,
Cotto Briareo e Gige, prole tracotante;
cento mani si protendevano dalle spalle di loro
terribili, e cinquanta teste a ciascuno
dalle spalle nascevano sulle membra vigorose;
e forza terribile e grande s'aggiungeva alla loro grande
[figura.
Ma quanti da Gaia e da Urano nacquero
ed erano i più tremendi dei figli, furono presi in odio
[dal padre

ἐξ ἀρχῆς· καὶ τῶν μὲν ὅπως τις πρῶτα γένοιτο,
πάντας ἀποκρύπτασκε καὶ ἐς φάος οὐκ ἀνίεσκε
Γαίης ἐν κευθμῶνι, κακῷ δ' ἐπετέρπετο ἔργῳ,
Οὐρανός· ἡ δ' ἐντὸς στοναχίζετο Γαῖα πελώρη
στεινομένη, δολίην δὲ κακὴν ἐπεφράσσατο τέχνην.
αἶψα δὲ ποιήσασα γένος πολιοῦ ἀδάμαντος
τεῦξε μέγα δρέπανον καὶ ἐπέφραδε παισὶ φίλοισιν·
εἶπε δὲ θαρσύνουσα, φίλον τετιημένη ἦτορ·
"παῖδες ἐμοὶ καὶ πατρὸς ἀτασθάλου, αἴ κ' ἐθέλητε
πείθεσθαι· πατρός κε κακὴν τεισαίμεθα λώβην
ὑμετέρου· πρότερος γὰρ ἀεικέα μήσατο ἔργα."
ὣς φάτο· τοὺς δ' ἄρα πάντας ἕλεν δέος, οὐδέ τις αὐτῶν
φθέγξατο. θαρσήσας δὲ μέγας Κρόνος ἀγκυλομήτης
αἶψ' αὖτις μύθοισι προσηύδα μητέρα κεδνήν·
"μῆτερ, ἐγώ κεν τοῦτό γ' ὑποσχόμενος τελέσαιμι
ἔργον, ἐπεὶ πατρός γε δυσωνύμου οὐκ ἀλεγίζω
ἡμετέρου· πρότερος γὰρ ἀεικέα μήσατο ἔργα."
ὣς φάτο· γήθησεν δὲ μέγα φρεσὶ Γαῖα πελώρη·
εἷσε δέ μιν κρύψασα λόχῳ, ἐνέθηκε δὲ χερσὶν
ἅρπην καρχαρόδοντα, δόλον δ' ὑπεθήκατο πάντα.
ἦλθε δὲ νύκτ' ἐπάγων μέγας Οὐρανός, ἀμφὶ δὲ Γαίῃ
ἱμείρων φιλότητος ἐπέσχετο, καί ῥ' ἐτανύσθη
πάντῃ· ὁ δ' ἐκ λοχέοιο πάις ὠρέξατο χειρὶ
σκαιῇ, δεξιτερῇ δὲ πελώριον ἔλλαβεν ἅρπην,
μακρὴν καρχαρόδοντα, φίλου δ' ἀπὸ μήδεα πατρὸς
ἐσσυμένως ἤμησε, πάλιν δ' ἔρριψε φέρεσθαι
ἐξοπίσω. τὰ μὲν οὔ τι ἐτώσια ἔκφυγε χειρός·
ὅσσαι γὰρ ῥαθάμιγγες ἀπέσσυθεν αἱματόεσσαι,
πάσας δέξατο Γαῖα· περιπλομένων δ' ἐνιαυτῶν
γείνατ' Ἐρινῦς τε κρατερὰς μεγάλους τε Γίγαντας,
τεύχεσι λαμπομένους, δολίχ' ἔγχεα χερσὶν ἔχοντας,
Νύμφας θ' ἃς Μελίας καλέουσ' ἐπ' ἀπείρονα γαῖαν.
μήδεα δ' ὡς τὸ πρῶτον ἀποτμήξας ἀδάμαντι

fin dall'inizio, e appena uno di loro nasceva
tutti li nascondeva, e non li lasciava venire alla luce,
nel seno di Gaia; e si compiaceva della malvagia sua opera,
Urano, ma dentro si doleva Gaia prodigiosa,
stipata; allora escogitò un artificio ingannevole e malvagio.
Presto, creata la specie del livido adamante,
fabbricò una gran falce e si rivolse ai suoi figli
e disse, a loro aggiungendo coraggio, afflitta nel cuore:
«Figli miei e d'un padre scellerato, se voi volete
obbedirmi potremo vendicare il malvagio oltraggio del padre
vostro, ché per primo concepì opere infami».
Così disse e tutti allora prese il timore, né alcuno di loro
parlò; ma, preso coraggio, il grande Crono dai torti pensieri
rispose con queste parole alla madre sua illustre:
«Madre, sarò io, lo prometto, che compirò questa
opera, ché d'un padre esecrabile cura non ho,
sia pur mio, che per primo compì opere infami».
Così disse, e gioì grandemente nel cuore Gaia prodigiosa,
e lo pose nascosto in agguato; e gli diede in mano
la falce dai denti aguzzi e ordì tutto l'inganno.
Venne, portando la notte, il grande Urano, e attorno a Gaia
desideroso d'amore incombette e si stese
dovunque; ma dall'agguato il figlio si sporse con la mano
sinistra e con la destra prese la falce terribile,
grande, dai denti aguzzi, e i genitali del padre
con forza tagliò, e poi via li gettò,
dietro; ma non fuggirono invano dalla sua mano:
infatti, quante gocce sprizzarono cruente,
tutte le accolse Gaia e nel volger degli anni
generò le Erinni potenti e i grandi Giganti
di armi splendenti, che lunghi dardi tengono in mano,
e le Ninfe che chiamano Melie sulla terra infinita.
E come ebbe tagliati i genitali con l'adamante

κάββαλ' ἀπ' ἠπείροιο πολυκλύστῳ ἐνὶ πόντῳ,
ὣς φέρετ' ἂμ πέλαγος πουλὺν χρόνον, ἀμφὶ δὲ λευκὸς
ἀφρὸς ἀπ' ἀθανάτου χροὸς ὤρνυτο· τῷ δ' ἔνι κούρη
ἐθρέφθη· πρῶτον δὲ Κυθήροισι ζαθέοισιν
ἔπλητ', ἔνθεν ἔπειτα περίρρυτον ἵκετο Κύπρον.
ἐκ δ' ἔβη αἰδοίη καλὴ θεός, ἀμφὶ δὲ ποίη
ποσσὶν ὕπο ῥαδινοῖσιν ἀέξετο· τὴν δ' Ἀφροδίτην
[ἀφρογενέα τε θεὰν καὶ ἐυστέφανον Κυθέρειαν]
κικλήσκουσι θεοί τε καὶ ἀνέρες, οὕνεκ' ἐν ἀφρῷ
θρέφθη· ἀτὰρ Κυθέρειαν, ὅτι προσέκυρσε Κυθήροις·
Κυπρογενέα δ', ὅτι γέντο περικλύστῳ ἐνὶ Κύπρῳ·
ἠδὲ φιλομμειδέα, ὅτι μηδέων ἐξεφαάνθη.
τῇ δ' Ἔρος ὡμάρτησε καὶ Ἵμερος ἕσπετο καλὸς
γεινομένῃ τὰ πρῶτα θεῶν τ' ἐς φῦλον ἰούσῃ·
ταύτην δ' ἐξ ἀρχῆς τιμὴν ἔχει ἠδὲ λέλογχε
μοῖραν ἐν ἀνθρώποισι καὶ ἀθανάτοισι θεοῖσι,
παρθενίους τ' ὀάρους μειδήματά τ' ἐξαπάτας τε
τέρψίν τε γλυκερὴν φιλότητά τε μειλιχίην τε.
τοὺς δὲ πατὴρ Τιτῆνας ἐπίκλησιν καλέεσκε
παῖδας νεικείων μέγας Οὐρανός, οὓς τέκεν αὐτός·
φάσκε δὲ τιταίνοντας ἀτασθαλίῃ μέγα ῥέξαι
ἔργον, τοῖο δ' ἔπειτα τίσιν μετόπισθεν ἔσεσθαι.
Νὺξ δ' ἔτεκε στυγερόν τε Μόρον καὶ Κῆρα μέλαιναν
καὶ Θάνατον, τέκε δ' Ὕπνον, ἔτικτε δὲ φῦλον Ὀνείρων.
214 δεύτερον αὖ Μῶμον καὶ Ὀιζὺν ἀλγινόεσσαν
213 οὔ τινι κοιμηθεῖσα θεῶν τέκε Νὺξ ἐρεβεννή,
Ἑσπερίδας θ', αἷς μῆλα πέρην κλυτοῦ Ὠκεανοῖο
χρύσεα καλὰ μέλουσι φέροντά τε δένδρεα καρπόν·
καὶ Μοίρας καὶ Κῆρας ἐγείνατο νηλεοποίνους,
[Κλωθώ τε Λάχεσίν τε καὶ Ἄτροπον, αἵ τε βροτοῖσι
γεινομένοισι διδοῦσιν ἔχειν ἀγαθόν τε κακόν τε,]
αἵ τ' ἀνδρῶν τε θεῶν τε παραιβασίας ἐφέπουσιν,
οὐδέ ποτε λήγουσι θεαὶ δεινοῖο χόλοιο,

li gettò dalla terra nel mare molto agitato,
e furono portati al largo, per molto tempo; attorno bianca
la spuma dall'immortale membro sortì, e da essa una figlia
nacque, e dapprima a Citera divina
giunse, e di lì poi giunse a Cipro molto lambita dai flutti;
lì approdò, la dea veneranda e bella, e attorno l'erba
sotto gli agili piedi nasceva; lei Afrodite,
cioè dea Afrogenea e Citerea dalle belle chiome,
chiamano dèi e uomini, perché dalla spuma
nacque; e anche Citerea, perché prese terra a Citera;
o Ciprogenea ché nacque in Cipro molto battuta dai flutti;
oppure Filommedea perché nacque dai genitali.
Lei Eros accompagna e Desiderio bello la segue
da quando, appena nata, andò verso la stirpe degli dèi.
Fin dal principio tale onore lei ebbe e sortì,
come destino fra gli uomini e gli dèi immortali,
ciance di fanciulle e sorrisi e inganni
e il dolce piacere e affetto e blandizie.
Costoro dunque, suoi figli, il padre li chiamò Titani,
per odio, il grande Urano, che pure generò lui stesso;
e diceva che tendendo per tracotanza le braccia avrebbero commesso un grande
misfatto, del quale avrebbero dopo scontata la pena.
Notte poi partorì l'odioso Moros e Ker nera
e Morte, generò Sonno, generò la stirpe dei Sogni;
per secondo poi Biasimo e Sventura dolorosa 214
non giacendo con alcuno li generò la dea Notte oscura; 213
e le Esperidi che, al di là dell'inclito Oceano, dei pomi
aurei e belli hanno cura, e degli alberi che il frutto ne portano;
e le Moire e le Kere generò, spietate nel dare le pene:
Cloto Lachesi Atropo, che ai mortali
appena son nati danno da avere il bene ed il male,
che di uomini e dèi i delitti perseguono;
né mai le dee cessano dalla terribile ira

πρίν γ' ἀπὸ τῷ δώωσι κακὴν ὄπιν, ὅστις ἁμάρτῃ.
τίκτε δὲ καὶ Νέμεσιν πῆμα θνητοῖσι βροτοῖσι
Νὺξ ὀλοή· μετὰ τὴν δ' Ἀπάτην τέκε καὶ Φιλότητα
Γῆράς τ' οὐλόμενον, καὶ Ἔριν τέκε καρτερόθυμον.
αὐτὰρ Ἔρις στυγερὴ τέκε μὲν Πόνον ἀλγινόεντα
Λήθην τε Λιμόν τε καὶ Ἄλγεα δακρυόεντα
Ὑσμίνας τε Μάχας τε Φόνους τ' Ἀνδροκτασίας τε
Νείκεά τε Ψεύδεά τε Λόγους τ' Ἀμφιλλογίας τε
Δυσνομίην τ' Ἄτην τε, συνήθεας ἀλλήλῃσιν,
Ὅρκόν θ', ὃς δὴ πλεῖστον ἐπιχθονίους ἀνθρώπους
πημαίνει, ὅτε κέν τις ἑκὼν ἐπίορκον ὀμόσσῃ·
Νηρέα δ' ἀψευδέα καὶ ἀληθέα γείνατο Πόντος
πρεσβύτατον παίδων· αὐτὰρ καλέουσι γέροντα,
οὕνεκα νημερτής τε καὶ ἤπιος, οὐδὲ θεμίστων
λήθεται, ἀλλὰ δίκαια καὶ ἤπια δήνεα οἶδεν·
αὖτις δ' αὖ Θαύμαντα μέγαν καὶ ἀγήνορα Φόρκυν
Γαίῃ μισγόμενος καὶ Κητὼ καλλιπάρῃον
Εὐρυβίην τ' ἀδάμαντος ἐνὶ φρεσὶ θυμὸν ἔχουσαν.
Νηρῆος δ' ἐγένοντο μεγήριτα τέκνα θεάων
πόντῳ ἐν ἀτρυγέτῳ καὶ Δωρίδος ἠυκόμοιο,
κούρης Ὠκεανοῖο τελήεντος ποταμοῖο,
Πρωθώ τ' Εὐκράντη τε Σαώ τ' Ἀμφιτρίτη τε
Εὐδώρη τε Θέτις τε Γαλήνη τε Γλαύκη τε,
Κυμοθόη Σπειώ τε θοὴ Θαλίη τ' ἐρόεσσα
Πασιθέη τ' Ἐρατώ τε καὶ Εὐνίκη ῥοδόπηχυς
καὶ Μελίτη χαρίεσσα καὶ Εὐλιμένη καὶ Ἀγαυὴ
Δωτώ τε Πρωτώ τε Φέρουσά τε Δυναμένη τε
Νησαίη τε καὶ Ἀκταίη καὶ Πρωτομέδεια,
Δωρὶς καὶ Πανόπη καὶ εὐειδὴς Γαλάτεια
Ἱπποθόη τ' ἐρόεσσα καὶ Ἱππονόη ῥοδόπηχυς
Κυμοδόκη θ', ἣ κύματ' ἐν ἠεροειδέι πόντῳ
πνοιάς τε ζαέων ἀνέμων σὺν Κυματολήγῃ
ῥεῖα πρηΰνει καὶ ἐυσφύρῳ Ἀμφιτρίτῃ,

prima d'aver inflitto terribile pena, a chiunque abbia peccato.
E generò anche Nemesi, sciagura degli uomini mortali,
Notte funesta; e dopo di essa Inganno e Amore
e Vecchiaia rovinosa, e Contesa dal cuore violento.

Poi Contesa odiosa generò Pena dolente,
Oblio e Fame, e Dolori, che fanno piangere,
Lotte e Battaglie, e Delitti e Omicidi,
Discordia e Inganni, e Discorsi e Ambigui Discorsi,
Anarchia e Sciagura, che vanno congiunte fra loro
e Giuramento, che agli uomini della terra grande
sciagura reca quando qualcuno di loro, volendo, spergiura.

Ponto generò Nereo, sincero e verace,
il più vecchio dei figli; per questo lo chiamano vecchio
perché non inganna, ed è benigno; né il diritto
dimentica e sa giusti e buoni pensieri;
e poi Taumante grande e il vigoroso Forci,
unitosi a Gaia, e Ceto dalle belle guance,
ed Euribie che tiene nel petto un cuore d'adamante.

Da Nereo poi nacquero figlie, invidia alle dee,
nel mare infecondo, e da Doride dalle belle chiome,
la figlia di Oceano, il fiume compiutamente perfetto:
Protho e Eucrante e Sao e Anfitrite,
Eudore e Teti e Galene e Glauce,
Cimotoe e Speio veloce e l'amabile Talie,
Pasitea e Erato e Eunice dalle braccia di rosa,
e Melite graziosa e Eulimene e Agave,
e Doto e Proto e Ferusa e Dinamene,
e Nesea e Actea e Protomedea,
Doride e Panope e Galatea la bella,
Ippotoe amabile e Ipponoe dalle braccia di rosa,
e Cimodoce che i flutti sul mare nebbioso
e i soffi dei venti divini, insieme con Cimatoleghe,
facile placa, e insieme ad Anfitrite dalle belle caviglie;

Κυμώ τ' Ἠιόνη τε ἐυστέφανός θ' Ἁλιμήδη
Γλαυκονόμη τε φιλομμειδὴς καὶ Ποντοπόρεια
Λειαγόρη τε καὶ Εὐαγόρη καὶ Λαομέδεια
Πουλυνόη τε καὶ Αὐτονόη καὶ Λυσιάνασσα
Εὐάρνη τε φυήν ἐρατὴ καὶ εἶδος ἄμωμος
καὶ Ψαμάθη χαρίεσσα δέμας δίη τε Μενίππη
Νησώ τ' Εὐπόμπη τε Θεμιστώ τε Προνόη τε
Νημερτής θ', ἣ πατρὸς ἔχει νόον ἀθανάτοιο.
αὗται μὲν Νηρῆος ἀμύμονος ἐξεγένοντο
κοῦραι πεντήκοντα, ἀμύμονα ἔργ' εἰδυῖαι·
Θαύμας δ' Ὠκεανοῖο βαθυρρείταο θύγατρα
ἠγάγετ' Ἠλέκτρην· ἣ δ' ὠκεῖαν τέκεν Ἶριν
ἠυκόμους θ' Ἁρπυίας, Ἀελλώ τ' Ὠκυπέτην τε,
αἵ ῥ' ἀνέμων πνοιῇσι καὶ οἰωνοῖς ἅμ' ἕπονται
ὠκείῃς πτερύγεσσι· μεταχρόνιαι γὰρ ἴαλλον.
Φόρκυι δ' αὖ Κητὼ γραίας τέκε καλλιπαρήους
ἐκ γενετῆς πολιάς, τὰς δὴ Γραίας καλέουσιν
ἀθάνατοί τε θεοὶ χαμαὶ ἐρχόμενοί τ' ἄνθρωποι,
Πεμφρηδώ τ' εὔπεπλον Ἐνυώ τε κροκόπεπλον,
Γοργούς θ', αἳ ναίουσι πέρην κλυτοῦ Ὠκεανοῖο
ἐσχατιῇ πρὸς νυκτός, ἵν' Ἑσπερίδες λιγύφωνοι,
Σθεννώ τ' Εὐρυάλη τε Μέδουσά τε λυγρὰ παθοῦσα·
ἣ μὲν ἔην θνητή, αἱ δ' ἀθάνατοι καὶ ἀγήρῳ,
αἱ δύο· τῇ δὲ μιῇ παρελέξατο Κυανοχαίτης
ἐν μαλακῷ λειμῶνι καὶ ἄνθεσιν εἰαρινοῖσι.
τῆς ὅτε δὴ Περσεὺς κεφαλὴν ἀπεδειροτόμησεν,
ἐξέθορε Χρυσάωρ τε μέγας καὶ Πήγασος ἵππος.
τῷ μὲν ἐπώνυμον ἦν, ὅτ' ἄρ' Ὠκεανοῦ παρὰ πηγὰς
γένθ', ὁ δ' ἄορ χρύσειον ἔχων μετὰ χερσὶ φίλῃσι.
χὠ μὲν ἀποπτάμενος, προλιπὼν χθόνα μητέρα μήλων,
ἵκετ' ἐς ἀθανάτους· Ζηνὸς δ' ἐν δώμασι ναίει
βροντήν τε στεροπήν τε φέρων Διὶ μητιόεντι·
Χρυσάωρ δ' ἔτεκε τρικέφαλον Γηρυονῆα

e poi Cimo e Eione e Alimede dalle belle corone,
e Glauconome amica del riso e Pontoporea,
e Leagora e Evagora e Laomedea,
Pulinoe e Autonoe e Lisianassa,
Evarne, d'amabile natura e di figura perfetta,
Psamate dal corpo grazioso e la divina Menippe,
e Neso e Eupompe e Temisto e Pronoe
e Nemerte, che al padre immortale simile ha il cuore.
Tali da Nereo, il dio senza biasimo, nacquero
cinquanta figlie, che sanno opere perfette.
Taumante sposò la figlia d'Oceano dalle profonde
[correnti,
Elettra, e questa generò Iride veloce
e le Arpie dalle belle chiome, Aello e Ocipete,
le quali sanno seguire il soffio dei venti e gli uccelli nel volo
con le ali veloci; alte infatti si librano.
A Forci poi Ceto generò le Graie dalle belle guance,
canute fin dalla nascita, che chiamano Graie
gli dèi immortali e gli uomini che vanno sulla terra,
Penfredo dal bel peplo e Enio dal peplo di croco
e le Gorgoni, che hanno dimora al di là dell'inclito Oceano,
all'estremo, verso la notte, dove sono le Esperidi acute
[di voce,
Stenno Euriale e Medusa dal triste destino:
questa era mortale, immortali e di vecchiaia ignare
le altre due; ma con essa sola si giacque l'Azzurrocrinito
nel molle prato e tra i fiori di primavera.
Quando Perseo tagliò la testa di lei via dal collo
balzò fuori Crisaore grande e il cavallo Pegaso,
e questa fu la causa del loro nome, che l'uno presso
[le sorgenti d'Oceano
nacque e l'altro un'aurea spada aveva nelle mani;
questi volando via e lasciata la terra madre di greggi
giunse fra gli immortali e dimora nella casa di Zeus,
il tuono e la folgore portando a Zeus prudente.
Crisaore generò il tricefalo Gerione

μιχθεὶς Καλλιρόῃ κούρῃ κλυτοῦ Ὠκεανοῖο·
τὸν μὲν ἄρ' ἐξενάριξε βίη Ἡρακληείη
βουσὶ πάρ' εἰλιπόδεσσι περιρρύτῳ εἰν Ἐρυθείῃ
ἤματι τῷ, ὅτε περ βοῦς ἤλασεν εὐρυμετώπους
Τίρυνθ' εἰς ἱερήν, διαβὰς πόρον Ὠκεανοῖο,
Ὄρθόν τε κτείνας καὶ βουκόλον Εὐρυτίωνα
σταθμῷ ἐν ἠερόεντι πέρην κλυτοῦ Ὠκεανοῖο.
ἡ δ' ἔτεκ' ἄλλο πέλωρον ἀμήχανον, οὐδὲν ἐοικὸς
θνητοῖς ἀνθρώποις οὐδ' ἀθανάτοισι θεοῖσι,
σπῆι ἔνι γλαφυρῷ, θείην κρατερόφρον' Ἔχιδναν,
ἥμισυ μὲν νύμφην ἑλικώπιδα καλλιπάρηον,
ἥμισυ δ' αὖτε πέλωρον ὄφιν δεινόν τε μέγαν τε
αἰόλον ὠμηστήν, ζαθέης ὑπὸ κεύθεσι γαίης.
ἔνθα δέ οἱ σπέος ἐστὶ κάτω κοίλῃ ὑπὸ πέτρῃ
τηλοῦ ἀπ' ἀθανάτων τε θεῶν θνητῶν τ' ἀνθρώπων,
ἔνθ' ἄρα οἱ δάσσαντο θεοὶ κλυτὰ δώματα ναίειν.
ἡ δ' ἔρυτ' εἰν Ἀρίμοισιν ὑπὸ χθόνα λυγρὴ Ἔχιδνα,
ἀθάνατος νύμφη καὶ ἀγήραος ἤματα πάντα.
τῇ δὲ Τυφάονά φασι μιγήμεναι ἐν φιλότητι
δεινόν θ' ὑβριστήν τ' ἄνομόν θ' ἑλικώπιδι κούρῃ·
ἡ δ' ὑποκυσαμένη τέκετο κρατερόφρονα τέκνα.
Ὄρθον μὲν πρῶτον κύνα γείνατο Γηρυονῆι·
δεύτερον αὖτις ἔτικτεν ἀμήχανον, οὔ τι φατειόν,
Κέρβερον ὠμηστήν, Ἀίδεω κύνα χαλκεόφωνον,
πεντηκοντακέφαλον, ἀναιδέα τε κρατερόν τε·
τὸ τρίτον Ὕδρην αὖτις ἐγείνατο λύγρ' εἰδυῖαν
Λερναίην, ἣν θρέψε θεὰ λευκώλενος Ἥρη
ἄπλητον κοτέουσα βίῃ Ἡρακληείῃ.
καὶ τὴν μὲν Διὸς υἱὸς ἐνήρατο νηλέι χαλκῷ
Ἀμφιτρυωνιάδης σὺν ἀρηιφίλῳ Ἰολάῳ
Ἡρακλέης βουλῇσιν Ἀθηναίης ἀγελείης·
ἡ δὲ Χίμαιραν ἔτικτε πνέουσαν ἀμαιμάκετον πῦρ,
δεινήν τε μεγάλην τε ποδώκεά τε κρατερήν τε.

unitosi a Calliroe, la figlia dell'inclito Oceano;
costui fu ucciso da Eracle forte
presso i buoi dal torto cammino in Eritea molto battuta
[dai flutti
proprio il giorno nel quale i buoi dalla larga fronte condusse
verso la sacra Tirinto, passato l'Oceano,
e dopo aver ucciso Orto e il bifolco Euritione
dentro la stalla oscura di là dall'inclito Oceano.
Costei generò un altro mostro invincibile, in nulla simile
agli uomini mortali o agli dèi immortali,
nel cavo d'una grotta, la divina Echidna dal cuore violento,
metà fanciulla dagli occhi splendenti e dalle belle guance
ma metà prodigioso serpente terribile e grande,
astuto, crudele, della divina terra sotto i recessi;
là essa ha la spelonca, in basso, sotto la cava roccia,
lontano dagli dèi immortali e dagli uomini mortali,
perché là a lei diedero gli dèi di abitare l'illustre dimora,
e sta nel paese degli Arimi, sotto terra, la lacrimevole
[Echidna,
immortale fanciulla e ognor giovane, sempre.
Ad essa Tifone, raccontano, si unì in amore,
terribile iniquo e violento, a lei fanciulla dagli occhi
[splendenti,
e lei concepì e partorì figli dal cuore violento:
Orto per primo, il cane, generò per Gerione;
secondo poi partorì, invincibile e indicibile,
Cerbero crudele, di Ade il cane dalla voce di bronzo,
dalle cinquanta teste, implacabile e forte.
Per terza Idra generò, che sa lacrimevoli cose,
lernea, che la dea dalle bianche braccia Era nutrì,
di odio insaziata, contro Eracle forte;
e lei il figlio di Zeus uccise col bronzo spietato,
l'Anfitrionide, col bellicoso Iolao,
Eracle, per volere di Atena predatrice.
Costei partorì Chimera che spira invincibile fuoco,
terribile e grande, veloce e forte;

τῆς ἦν τρεῖς κεφαλαί· μία μὲν χαροποῖο λέοντος,
ἡ δὲ χιμαίρης, ἡ δ' ὄφιος κρατεροῖο δράκοντος.
[πρόσθε λέων, ὄπιθεν δὲ δράκων, μέσση δὲ χίμαιρα,
δεινὸν ἀποπνείουσα πυρὸς μένος αἰθομένοιο.]
τὴν μὲν Πήγασος εἷλε καὶ ἐσθλὸς Βελλεροφόντης·
ἡ δ' ἄρα Φῖκ' ὀλοὴν τέκε Καδμείοισιν ὄλεθρον,
Ὄρθῳ ὑποδμηθεῖσα, Νεμειαῖόν τε λέοντα,
τόν ῥ' Ἥρη θρέψασα Διὸς κυδρὴ παράκοιτις
γουνοῖσιν κατένασσε Νεμείης, πῆμ' ἀνθρώποις.
ἔνθ' ἄρ' ὅ γ' οἰκείων ἐλεφαίρετο φῦλ' ἀνθρώπων,
κοιρανέων Τρητοῖο Νεμείης ἠδ' Ἀπέσαντος·
ἀλλά ἑ ἶς ἐδάμασσε βίης Ἡρακληείης.
Κητὼ δ' ὁπλότατον Φόρκυι φιλότητι μιγεῖσα
γείνατο δεινὸν ὄφιν, ὃς ἐρεμνῆς κεύθεσι γαίης
πείρασιν ἐν μεγάλοις παγχρύσεα μῆλα φυλάσσει.
τοῦτο μὲν ἐκ Κητοῦς καὶ Φόρκυνος γένος ἐστί.
Τηθὺς δ' Ὠκεανῷ ποταμοὺς τέκε δινήεντας,
Νεῖλόν τ' Ἀλφειόν τε καὶ Ἠριδανὸν βαθυδίνην,
Στρυμόνα Μαίανδρόν τε καὶ Ἴστρον καλλιρέεθρον
Φᾶσίν τε Ῥῆσόν τ' Ἀχελῷόν τ' ἀργυροδίνην
Νέσσόν τε Ῥοδίον θ' Ἁλιάκμονά θ' Ἑπτάπορόν τε
Γρήνικόν τε καὶ Αἴσηπον θεῖόν τε Σιμοῦντα
Πηνειόν τε καὶ Ἕρμον ἐυρρείτην τε Κάικον
Σαγγάριόν τε μέγαν Λάδωνά τε Παρθένιόν τε
Εὔηνόν τε καὶ Ἀλδῆσκον θεῖόν τε Σκάμανδρον·
τίκτε δὲ Κουράων ἱερὸν γένος, αἳ κατὰ γαῖαν
ἄνδρας κουρίζουσι σὺν Ἀπόλλωνι ἄνακτι
καὶ ποταμοῖς, ταύτην δὲ Διὸς πάρα μοῖραν ἔχουσι,
Πειθώ τ' Ἀδμήτη τε Ἰάνθη τ' Ἠλέκτρη τε
Δωρίς τε Πρυμνώ τε καὶ Οὐρανίη θεοειδὴς
Ἱππώ τε Κλυμένη τε Ῥόδειά τε Καλλιρόη τε
Ζευξώ τε Κλυτίη τε Ἰδυῖά τε Πασιθόη τε
Πληξαύρη τε Γαλαξαύρη τ' ἐρατή τε Διώνη

tre teste aveva: l'una di leone dagli occhi ardenti,
l'altra di capra, di serpe la terza, di drago possente;
davanti leone, drago di dietro, nel mezzo era capra,
spirando tremendo ardore di fiamme brucianti;
costei l'uccisero Pegaso e il prode Bellerofonte.
Essa ancora Sfinge nefasta partorì, dei Cadmei la rovina,
giacendo con Orto, e il leone Nemeo,
nutrito da Era, la nobile sposa di Zeus,
che nelle valli nemee lo fece abitare, castigo per gli uomini,
dove abitando distruggeva le schiere degli uomini,
signore di Treto Nemea e d'Apesanto;
ma lo abbatté il vigore di Eracle.
Ceto, come ultimo figlio, a Forci unita in amore,
generò un terribile serpe, che nei recessi della terra oscura,
presso i grandi confini ha la custodia degli aurei pomi.
Tale è la stirpe di Ceto e di Forci.
Teti a Oceano partorì i fiumi turbinosi:
Nilo e Alfeo e Eridano dai gorghi profondi,
Strimone e Meandro e Istro dalle belle correnti,
Fasi e Reso e Acheloo dai gorghi d'argento,
Nesso e Rodio e Aliacmone e Eptaporo,
e Granico e Aisopo divino e Simoenta
e Peneio e Ermo dalla bella corrente, e Caico
e Sangario grande, Ladone e Partenio,
Evenio e Aldesco e il divino Scamandro.
Generò anche una sacra schiera di figlie, che sulla terra
agli uomini nutrono la giovinezza insieme ad Apollo
[signore
e ai fiumi: tale destino hanno da Zeus:
Peito e Admete, Iante ed Elettra
Dori e Primno e Urania divina,
Ippo e Climene, Rodeia e Calliroe,
Zeuxo e Clitie e Iduia e Pasitoe,
Plexaure e Galaxaure e l'amabile Dione,

Μηλόβοσίς τε Θόη τε καὶ εὐειδὴς Πολυδώρη
Κερκηίς τε φυὴν ἐρατὴ Πλουτώ τε βοῶπις
Περσηίς τ' Ἰάνειρά τ' Ἀκάστη τε Ξάνθη τε
Πετραίη τ' ἐρόεσσα Μενεσθώ τ' Εὐρώπη τε
Μῆτίς τ' Εὐρυνόμη τε Τελεστώ τε κροκόπεπλος
Χρυσηίς τ' Ἀσίη τε καὶ ἱμερόεσσα Καλυψὼ
Εὐδώρη τε Τύχη τε καὶ Ἀμφιρὼ Ὠκυρόη τε
καὶ Στύξ, ἣ δή σφεων προφερεστάτη ἐστὶν ἁπασέων.
αὗται ἄρ' Ὠκεανοῦ καὶ Τηθύος ἐξεγένοντο
πρεσβύταται κοῦραι· πολλαί γε μέν εἰσι καὶ ἄλλαι·
τρὶς γὰρ χίλιαί εἰσι τανίσφυροι Ὠκεανῖναι,
αἵ ῥα πολυσπερέες γαῖαν καὶ βένθεα λίμνης
πάντῃ ὁμῶς ἐφέπουσι, θεάων ἀγλαὰ τέκνα.
τόσσοι δ' αὖθ' ἕτεροι ποταμοὶ καναχηδὰ ῥέοντες,
υἱέες Ὠκεανοῦ, τοὺς γείνατο πότνια Τηθύς·
τῶν ὄνομ' ἀργαλέον πάντων βροτὸν ἄνδρα ἐνισπεῖν,
οἱ δὲ ἕκαστοι ἴσασιν, ὅσοι περιναιετάουσι.
 Θεία δ' Ἠέλιόν τε μέγαν λαμπράν τε Σελήνην
Ἠῶ θ', ἣ πάντεσσιν ἐπιχθονίοισι φαείνει
ἀθανάτοις τε θεοῖσι τοὶ οὐρανὸν εὐρὺν ἔχουσι,
γείναθ' ὑποδμηθεῖσ' Ὑπερίονος ἐν φιλότητι.
 Κρείῳ δ' Εὐρυβίη τέκεν ἐν φιλότητι μιγεῖσα
Ἀστραῖόν τε μέγαν Πάλλαντά τε δῖα θεάων
Πέρσην θ', ὃς καὶ πᾶσι μετέπρεπεν ἰδμοσύνῃσιν.
Ἀστραίῳ δ' Ἠὼς ἀνέμους τέκε καρτεροθύμους,
ἀργεστὴν Ζέφυρον Βορέην τ' αἰψηροκέλευθον
καὶ Νότον, ἐν φιλότητι θεὰ θεῷ εὐνηθεῖσα.
τοὺς δὲ μέτ' ἀστέρα τίκτεν Ἑωσφόρον Ἠριγένεια
ἄστρά τε λαμπετόωντα, τά τ' οὐρανὸς ἐστεφάνωται.
Στὺξ δ' ἔτεκ' Ὠκεανοῦ θυγάτηρ Πάλλαντι μιγεῖσα
Ζῆλον καὶ Νίκην καλλίσφυρον ἐν μεγάροισι
καὶ Κράτος ἠδὲ Βίην ἀριδείκετα γείνατο τέκνα.
τῶν οὐκ ἔστ' ἀπάνευθε Διὸς δόμος, οὐδέ τις ἕδρη,

Melobosi e Toe e la bella Polidore,
Cercei dalla bella figura e Pluto boopide,
Perseis e Ianira e Acaste e Xante,
Petrea amabile, Menesto e Europa,
Meti e Eurinome e Telesto dal peplo di croco,
Criseide e Asia e l'amabile Calipso,
Eudore e Tyche e Anfiro e Ociroe
e Stige che fra loro è la più illustre di tutte.
Tali da Oceano e Teti nacquero
figlie più antiche, ma molte sono anche le altre:
tremila infatti sono le Oceanine dalle sottili caviglie
che, numerose, la terra e gli abissi del mare
dovunque ugualmente hanno in custodia, prole radiosa di dee;
altrettanti sono i fiumi dalle rumorose correnti,
figli di Oceano, che l'augusta Teti generò;
di essi tutti è arduo per un uomo mortale dire il nome,
ma li sa ciascuno che ha dimora presso di loro.
Teia Sole grande e la splendida Luna
e Aurora, che a tutti i mortali risplende
e agli immortali dèi che possiedono l'ampio cielo,
generò, giacendo con Iperione in amore.
Euribie, unitasi in amore, partorì a Crio
Astreo grande e Pallante, divina fra le dee,
e Perse, che fra tutti risplende per il suo sapere.
A Astreo Aurora partorì i venti dal forte cuore.
lo splendente Zefiro e Borea dalla rapida corsa
e Noto, lei dea con un dio congiunta in amore;
dopo di lui generò l'astro Eosforo, essa la dea del mattino,
e Stelle splendenti di cui il cielo è coronato.
Stige, figlia di Oceano, generò, unita a Pallante,
Rivalità e Vittoria dalle belle caviglie, dentro il palazzo di lui,
e Potere e Forza generò, illustri suoi figli,
lontano dai quali di Zeus non c'è né casa né sede,

οὐδ' ὁδός, ὅππῃ μὴ κείνοις θεὸς ἡγεμονεύει,
ἀλλ' αἰεὶ πὰρ Ζηνὶ βαρυκτύπῳ ἑδριόωνται.
ὣς γὰρ ἐβούλευσε Στὺξ ἄφθιτος Ὠκεανίνη
ἤματι τῷ, ὅτε πάντας Ὀλύμπιος ἀστεροπητὴς
ἀθανάτους ἐκάλεσσε θεοὺς ἐς μακρὸν Ὄλυμπον,
εἶπε δ', ὃς ἂν μετὰ εἷο θεῶν Τιτῆσι μάχοιτο,
μή τιν' ἀπορραίσειν γεράων, τιμὴν δὲ ἕκαστον
ἑξέμεν ἣν τὸ πάρος γε μετ' ἀθανάτοισι θεοῖσι.
τὸν δ' ἔφαθ', ὅστις ἄτιμος ὑπὸ Κρόνου ἠδ' ἀγέραστος,
τιμῆς καὶ γεράων ἐπιβησέμεν, ἣ θέμις ἐστίν.
ἦλθε δ' ἄρα πρώτη Στὺξ ἄφθιτος Οὔλυμπόνδε
σὺν σφοῖσιν παίδεσσι φίλου διὰ μήδεα πατρός·
τὴν δὲ Ζεὺς τίμησε, περισσὰ δὲ δῶρα ἔδωκεν.
αὐτὴν μὲν γὰρ ἔθηκε θεῶν μέγαν ἔμμεναι ὅρκον,
παῖδας δ' ἤματα πάντα ἑοῦ μεταναιέτας εἶναι.
ὣς δ' αὔτως πάντεσσι διαμπερές, ὥς περ ὑπέστη,
ἐξετέλεσσ'· αὐτὸς δὲ μέγα κρατεῖ ἠδὲ ἀνάσσει.
Φοίβη δ' αὖ Κοίου πολυήρατον ἦλθεν ἐς εὐνήν·
κυσαμένη δἤπειτα θεὰ θεοῦ ἐν φιλότητι
Λητὼ κυανόπεπλον ἐγείνατο, μείλιχον αἰεί,
ἤπιον ἀνθρώποισι καὶ ἀθανάτοισι θεοῖσι,
μείλιχον ἐξ ἀρχῆς, ἀγανώτατον ἐντὸς Ὀλύμπου.
γείνατο δ' Ἀστερίην εὐώνυμον, ἥν ποτε Πέρσης
ἠγάγετ' ἐς μέγα δῶμα φίλην κεκλῆσθαι ἄκοιτιν.
ἡ δ' ὑποκυσαμένη Ἑκάτην τέκε, τὴν περὶ πάντων
Ζεὺς Κρονίδης τίμησε· πόρεν δέ οἱ ἀγλαὰ δῶρα,
μοῖραν ἔχειν γαίης τε καὶ ἀτρυγέτοιο θαλάσσης.
ἡ δὲ καὶ ἀστερόεντος ἀπ' οὐρανοῦ ἔμμορε τιμῆς,
ἀθανάτοις τε θεοῖσι τετιμένη ἐστὶ μάλιστα.
καὶ γὰρ νῦν, ὅτε πού τις ἐπιχθονίων ἀνθρώπων
ἔρδων ἱερὰ καλὰ κατὰ νόμον ἱλάσκηται,

né c'è via per cui ad essi il dio non comandi,
ma sempre presso Zeus che tuona profondo hanno la loro
[dimora.
Così infatti Stige decise, immortale Oceanina,
quel giorno in cui l'Olimpio folgoratore tutti
gli dèi immortali chiamò al grande Olimpo
e disse che «colui che con me agli dèi Titani abbia fatto
[la guerra
di nessun suo onore sarà privato e ciascuno l'appannaggio
conserverà che prima aveva fra gli dèi immortali»;
e disse che «chi fu privato d'onori o di premio da Crono
d'onore e di premio sarà compartecipe; così vuole
[giustizia».
Così giunse per prima Stige immortale all'Olimpo
con i due figli, seguendo il volere del padre suo;
e lei Zeus onorò e le diede doni abbondanti;
volle infatti che lei fosse degli dèi il gran giuramento
e i suoi figli per sempre con sé li pose ad abitare.
E così per tutti interamente quant'era promesso
compì; e lui ha grande potere e comando.
Foibe l'amabile talamo ascese di Coio,
concepì e poi, dea per l'amore di un dio,
partorì Leto dal peplo azzurro, la sempre dolce,
benigna agli uomini e agli dèi immortali
lei mite fin dall'inizio, la più clemente dentro l'Olimpo.
Generò Asteria famosa, che Perse una volta
condusse nella sua grande casa perché fosse chiamata
[sua sposa.
Costei concepì e generò Ecate, che fra tutti
Zeus Cronide onorò, e a lei diede illustri doni,
che potere avesse sulla terra e sul mare infecondo;
anche nel cielo stellato ha una parte d'onore
e dagli dèi immortali è sommamente onorata.
E infatti anche ora, quando qualcuno degli uomini che
[abitano la terra
fa sacrifici secondo le leggi e implora la grazia,

κικλήσκει Ἑκάτην· πολλή τέ οἱ ἕσπετο τιμὴ
ῥεῖα μάλ', ᾧ πρόφρων γε θεὰ ὑποδέξεται εὐχάς,
420 καί τέ οἱ ὄλβον ὀπάζει, ἐπεὶ δύναμίς γε πάρεστιν.
ὅσσοι γὰρ Γαίης τε καὶ Οὐρανοῦ ἐξεγένοντο
καὶ τιμὴν ἔλαχον, τούτων ἔχει αἶσαν ἁπάντων·
οὐδέ τί μιν Κρονίδης ἐβιήσατο οὐδέ τ' ἀπηύρα,
ὅσσ' ἔλαχεν Τιτῆσι μέτα προτέροισι θεοῖσιν,
425 ἀλλ' ἔχει, ὡς τὸ πρῶτον ἀπ' ἀρχῆς ἔπλετο δασμός.
οὐδ', ὅτι μουνογενής, ἧσσον θεὰ ἔμμορε τιμῆς
καὶ γεράων γαίῃ τε καὶ οὐρανῷ ἠδὲ θαλάσσῃ,
ἀλλ' ἔτι καὶ πολὺ μᾶλλον, ἐπεὶ Ζεὺς τίεται αὐτήν.
429 ᾧ δ' ἐθέλῃ, μεγάλως παραγίνεται ἠδ' ὀνίνησιν·
434 ἔν τε δίκῃ βασιλεῦσι παρ' αἰδοίοισι καθίζει,
430 ἔν τ' ἀγορῇ λαοῖσι μεταπρέπει, ὅν κ' ἐθέλῃσιν·
ἠδ' ὁπότ' ἐς πόλεμον φθισήνορα θωρήσσωνται
ἀνέρες, ἔνθα θεὰ παραγίνεται, οἷς κ' ἐθέλῃσι
433 νίκην προφρονέως ὀπάσαι καὶ κῦδος ὀρέξαι.
439 ἐσθλὴ δ' ἱππήεσσι παρεστάμεν, οἷς κ' ἐθέλῃσιν·
435 ἐσθλὴ δ' αὖθ' ὁπότ' ἄνδρες ἀεθλεύωσ' ἐν ἀγῶνι·
ἔνθα θεὰ καὶ τοῖς παραγίνεται ἠδ' ὀνίνησι·
νικήσας δὲ βίῃ καὶ κάρτει, καλὸν ἄεθλον
438 ῥεῖα φέρει χαίρων τε, τοκεῦσι δὲ κῦδος ὀπάζει.
440 καὶ τοῖς, οἳ γλαυκὴν δυσπέμφελον ἐργάζονται,
εὔχονται δ' Ἑκάτῃ καὶ ἐρικτύπῳ Ἐννοσιγαίῳ,
ῥηιδίως ἄγρην κυδρὴ θεὸς ὤπασε πολλήν,
ῥεῖα δ' ἀφείλετο φαινομένην, ἐθέλουσά γε θυμῷ.
ἐσθλὴ δ' ἐν σταθμοῖσι σὺν Ἑρμῇ ληίδ' ἀέξειν·
445 βουκολίας δὲ βοῶν τε καὶ αἰπόλια πλατέ' αἰγῶν
ποίμνας τ' εἰροπόκων ὀίων, θυμῷ γ' ἐθέλουσα,
ἐξ ὀλίγων βριάει κὰκ πολλῶν μείονα θῆκεν.
οὕτω τοι καὶ μουνογενὴς ἐκ μητρὸς ἐοῦσα
πᾶσι μετ' ἀθανάτοισι τετίμηται γεράεσσι.
450 θῆκε δέ μιν Κρονίδης κουροτρόφον, οἳ μετ' ἐκείνην

invoca Ecate e grande favore lo segue;
facilmente, a lui benevola, la dea accoglie le preghiere,
a lui la ricchezza concede, perché di ciò pure ha potere. 420
Quanti infatti da Gaia e da Urano nacquero
e ricevettero onore, partecipa dei privilegi di tutti costoro;
lei nemmeno il Cronide d'alcuna cosa privò con violenza
di quelle che aveva ottenuto fra i Titani, i primi degli dèi,
bensì la possiede, come dapprima all'inizio fu
[la spartizione; 425
né, perché unigenita, la dea ricevette onori minori,
e ha potere in terra e nel cielo e nel mare,
molto di più, perché Zeus le fa onore.
A chi essa vuole largo favore e aiuto concede; 429
e nel tribunale essa siede presso i re rispettati 434
e nell'assemblea fra le genti fa brillare colui che lei vuole; 430
o quando alla guerra assassina si armano
i guerrieri, la dea assiste colui che lei vuole
ornare, benigna, della vittoria e offrirgli la fama; 433
benigna assiste anche i cavalieri, quelli che vuole; 439
benigna anche quando gli uomini lottano in gara: 435
là la dea li assiste e soccorre;
e chi con forza e vigore consegue vittoria, bello il premio
coglie felice e i genitori orna di gloria. 438
E a coloro che l'azzurro tempestoso con fatica lavorano 440
e pregano Ecate e il profondo tonante Ennisigeo,
facilmente una preda la nobile dea fornisce copiosa,
ma facilmente anche se la porta via, non appena essa
[appare, se così vuole il suo cuore.
E con Ermes benigna nelle stalle le greggi fa crescere,
le schiere dei buoi e i branchi grandi di capre 445
e i branchi di lanose pecore, se così vuole il suo cuore,
da piccoli li fa grandi e da molti riduce a pochi.
Così, per quanto sia nata unigenita da sua madre,
fra tutti gli immortali è onorata di doni;
costei fece il Cronide nutrice di giovani, quanti a lei fedeli 450

ὀφθαλμοῖσιν ἴδοντο φάος πολυδερκέος Ἠοῦς.
οὕτως ἐξ ἀρχῆς κουροτρόφος, αἳ δέ τε τιμαί.
Ῥείη δὲ δμηθεῖσα Κρόνῳ τέκε φαίδιμα τέκνα,
Ἱστίην Δήμητρα καὶ Ἥρην χρυσοπέδιλον,
ἴφθιμόν τ' Ἀίδην, ὃς ὑπὸ χθονὶ δώματα ναίει
νηλεὲς ἦτορ ἔχων, καὶ ἐρίκτυπον Ἐννοσίγαιον,
Ζῆνά τε μητιόεντα, θεῶν πατέρ' ἠδὲ καὶ ἀνδρῶν,
τοῦ καὶ ὑπὸ βροντῆς πελεμίζεται εὐρεῖα χθών.
καὶ τοὺς μὲν κατέπινε μέγας Κρόνος, ὥς τις ἕκαστος
νηδύος ἐξ ἱερῆς μητρὸς πρὸς γούναθ' ἵκοιτο,
τὰ φρονέων, ἵνα μή τις ἀγαυῶν Οὐρανιώνων
ἄλλος ἐν ἀθανάτοισιν ἔχοι βασιληίδα τιμήν.
πεύθετο γὰρ Γαίης τε καὶ Οὐρανοῦ ἀστερόεντος
οὕνεκά οἱ πέπρωτο ἑῷ ὑπὸ παιδὶ δαμῆναι,
καὶ κρατερῷ περ ἐόντι, Διὸς μεγάλου διὰ βουλάς.
τῷ ὅ γ' ἄρ' οὐκ ἀλαοσκοπιὴν ἔχεν, ἀλλὰ δοκεύων
παῖδας ἑοὺς κατέπινε· Ῥέην δ' ἔχε πένθος ἄλαστον.
ἀλλ' ὅτε δὴ Δί' ἔμελλε θεῶν πατέρ' ἠδὲ καὶ ἀνδρῶν
τέξεσθαι, τότ' ἔπειτα φίλους λιτάνευε τοκῆας
τοὺς αὐτῆς, Γαῖάν τε καὶ Οὐρανὸν ἀστερόεντα,
μῆτιν συμφράσσασθαι, ὅπως λελάθοιτο τεκοῦσα
παῖδα φίλον, τείσαιτο δ' ἐρινῦς πατρὸς ἑοῖο
παίδων ⟨θ'⟩ οὓς κατέπινε μέγας Κρόνος ἀγκυλομήτης.
οἱ δὲ θυγατρὶ φίλῃ μάλα μὲν κλύον ἠδ' ἐπίθοντο,
καί οἱ πεφραδέτην, ὅσα περ πέπρωτο γενέσθαι
ἀμφὶ Κρόνῳ βασιλῆι καὶ υἱέι καρτεροθύμῳ·
πέμψαν δ' ἐς Λύκτον, Κρήτης ἐς πίονα δῆμον,
ὁππότ' ἄρ' ὁπλότατον παίδων ἤμελλε τεκέσθαι,
Ζῆνα μέγαν· τὸν μέν οἱ ἐδέξατο Γαῖα πελώρη
Κρήτῃ ἐν εὐρείῃ τρεφέμεν ἀτιταλλέμεναί τε.
ἔνθά μιν ἷκτο φέρουσα θοὴν διὰ νύκτα μέλαιναν,
πρώτην ἐς Λύκτον· κρύψεν δέ ἑ χερσὶ λαβοῦσα

videro con gli occhi la luce dell'aurora onniveggente.
Così fu, fin dall'inizio, nutrice di giovani e questi i suoi
[onori.
Rea poi, unitasi a Crono, partorì illustri figli:
Istie, Demetra e Era dagli aurei calzari,
e il forte Ade, che sotto la terra ha la sua dimora,
spietato nel cuore, e il forte tonante Ennosigeo,
e Zeus prudente, degli dèi padre e degli uomini;
sotto il suo tuono trema l'ampia terra.
Ma questi li divorava il grande Crono, appena ciascuno
dal ventre della sacra madre ai suoi ginocchi arrivava,
e ciò escogitava perché nessuno degli illustri figli di Urano
fra gli immortali avesse il potere regale.
Infatti aveva saputo da Gaia e da Urano stellato
che per lui era destino l'essere vinto da un figlio,
per forte che fosse, per il volere di Zeus grande;
a ciò non inutile guardia faceva, ma sempre in sospetto
i figli suoi divorava, e un dolore crudele teneva Rea.
E quando Zeus, padre degli dèi e degli uomini, prossima fu
a partorire, allora pregò i genitori
suoi, Gaia e Urano stellato,
di darle consiglio perché potesse nascondere il suo parto,
il figlio suo caro, ed egli placasse le Erinni del padre di
[quello
e dei figli che divorava il grande Crono dai torti pensieri.
Costoro la figlia ascoltarono e i suoi voti esaudirono,
e a lei rivelarono quanto dal fato era fissato avvenisse
riguardo a Crono sovrano e al figlio dal forte cuore.
E la mandarono a Licto, nel pingue paese di Creta,
affinché il suo ultimo figlio potesse partorire,
Zeus grande; lui accolse Gaia prodigiosa
nell'ampia Creta, da nutrire ed educare.
Lui dunque portando essa giunse veloce nella nera notte
dapprima a Licto, e lo nascose, prendendolo con le sue
[mani,

ἄντρῳ ἐν ἠλιβάτῳ, ζαθέης ὑπὸ κεύθεσι γαίης,
Αἰγαίῳ ἐν ὄρει πεπυκασμένῳ ὑλήεντι.
τῷ δὲ σπαργανίσασα μέγαν λίθον ἐγγυάλιξεν
Οὐρανίδῃ μέγ' ἄνακτι, θεῶν προτέρων βασιλῆι.
τὸν τόθ' ἑλὼν χείρεσσιν ἑὴν ἐσκάτθετο νηδύν,
σχέτλιος, οὐδ' ἐνόησε μετὰ φρεσίν, ὥς οἱ ὀπίσσω
ἀντὶ λίθου ἑὸς υἱὸς ἀνίκητος καὶ ἀκηδὴς
λείπεθ', ὅ μιν τάχ' ἔμελλε βίῃ καὶ χερσὶ δαμάσσας
τιμῆς ἐξελάαν, ὁ δ' ἐν ἀθανάτοισιν ἀνάξειν.
καρπαλίμως δ' ἄρ' ἔπειτα μένος καὶ φαίδιμα γυῖα
ηὔξετο τοῖο ἄνακτος· ἐπιπλομένου δ' ἐνιαυτοῦ,
Γαίης ἐννεσίῃσι πολυφραδέεσσι δολωθείς,
ὃν γόνον ἂψ ἀνέηκε μέγας Κρόνος ἀγκυλομήτης,
νικηθεὶς τέχνῃσι βίηφί τε παιδὸς ἑοῖο.
πρῶτον δ' ἐξήμησε λίθον, πύματον καταπίνων·
τὸν μὲν Ζεὺς στήριξε κατὰ χθονὸς εὐρυοδείης
Πυθοῖ ἐν ἠγαθέῃ, γυάλοις ὕπο Παρνησσοῖο,
σῆμ' ἔμεν ἐξοπίσω, θαῦμα θνητοῖσι βροτοῖσι.
λῦσε δὲ πατροκασιγνήτους ὀλοῶν ὑπὸ δεσμῶν,
Οὐρανίδας, οὓς δῆσε πατὴρ ἀεσιφροσύνῃσιν·
οἵ οἱ ἀπεμνήσαντο χάριν εὐεργεσιάων,
δῶκαν δὲ βροντὴν ἠδ' αἰθαλόεντα κεραυνὸν
καὶ στεροπήν· τὸ πρὶν δὲ πελώρη Γαῖα κεκεύθει·
τοῖς πίσυνος θνητοῖσι καὶ ἀθανάτοισιν ἀνάσσει.
κούρην δ' Ἰαπετὸς καλλίσφυρον Ὠκεανίνην
ἠγάγετο Κλυμένην καὶ ὁμὸν λέχος εἰσανέβαινεν
ἡ δέ οἱ Ἄτλαντα κρατερόφρονα γείνατο παῖδα,
τίκτε δ' ὑπερκύδαντα Μενοίτιον ἠδὲ Προμηθέα,
ποικίλον αἰολόμητιν, ἁμαρτίνοόν τ' Ἐπιμηθέα·
ὃς κακὸν ἐξ ἀρχῆς γένετ' ἀνδράσιν ἀλφηστῇσι·
πρῶτος γάρ ῥα Διὸς πλαστὴν ὑπέδεκτο γυναῖκα
παρθένον. ὑβριστὴν δὲ Μενοίτιον εὐρύοπα Ζεὺς

in un antro scosceso, sotto i recessi della terra divina,
nel monte Egeo, coperto di folta foresta.
A quello poi, avvolta di fasce, una grande pietra essa dette.
al figlio d'Urano grande signore, primo re degli dèi;
egli la prese con le sue mani e giù la inghiottì nel suo ventre,
sciagurato, e non pensava nel cuore che,
al posto del sasso, suo figlio invitto e indenne
gli era rimasto, e che quello presto lo avrebbe vinto per
[forza di braccia,
cacciato dal trono e fra gli immortali avrebbe regnato.
Presto la forza e le membra gloriose
di tale signore crebbero e volgendosi gli anni,
ingannato per gli accorti consigli di Gaia,
il grande Crono dai torti pensieri risputò i suoi figlioli
vinto dalle arti e dalla forza del figlio.
Per prima vomitò la pietra che ultima aveva mangiato,
e che Zeus fissò sulla terra dagli ampi cammini,
in Pito divina, sotto i gioghi del Parnaso,
che un segno fosse in futuro, meraviglia per i mortali.
Poi sciolse i fratelli del padre dai lacci funesti,
la stirpe di Urano che il padre nella sua follia incatenò;
ed essi furono memori a lui di gratitudine per i suoi benefici;
gli diedero il tuono e il fulmine fiammeggiante
e il baleno che prima Gaia prodigiosa teneva nascosti;
fidando in questi comanda ai mortali e agli immortali.
Iapeto la fanciulla oceanina dalle belle caviglie,
Climene, si prese per sposa e con lei lo stesso talamo
[ascese;
ed essa a lui Atlante, dal cuore violento, partorì come figlio;
partorì l'orgoglioso Menezio, e poi Prometeo,
versatile e astuto, e il malaccorto Epimeteo,
che il male fin dall'inizio procurò agli uomini che mangiano
[pane:
per primo infatti nella sua casa accolse la donna formata da
[Zeus,
fanciulla. L'orgoglioso Menezio Zeus onniveggente

εἰς ἔρεβος κατέπεμψε βαλὼν ψολόεντι κεραυνῷ
εἵνεκ' ἀτασθαλίης τε καὶ ἠνορέης ὑπερόπλου.
Ἄτλας δ' οὐρανὸν εὐρὺν ἔχει κρατερῆς ὑπ' ἀνάγκης,
πείρασιν ἐν γαίης πρόπαρ' Ἑσπερίδων λιγυφώνων
ἑστηώς, κεφαλῇ τε καὶ ἀκαμάτῃσι χέρεσσι·
ταύτην γάρ οἱ μοῖραν ἐδάσσατο μητίετα Ζεύς.
δῆσε δ' ἀλυκτοπέδῃσι Προμηθέα ποικιλόβουλον,
δεσμοῖς ἀργαλέοισι, μέσον διὰ κίον' ἐλάσσας·
καί οἱ ἐπ' αἰετὸν ὦρσε τανύπτερον· αὐτὰρ ὅ γ' ἧπαρ
ἤσθιεν ἀθάνατον, τὸ δ' ἀέξετο ἶσον ἁπάντῃ
νυκτός, ὅσον πρόπαν ἦμαρ ἔδοι τανυσίπτερος ὄρνις.
τὸν μὲν ἄρ' Ἀλκμήνης καλλισφύρου ἄλκιμος υἱὸς
Ἡρακλέης ἔκτεινε, κακὴν δ' ἀπὸ νοῦσον ἄλαλκεν
Ἰαπετιονίδῃ καὶ ἐλύσατο δυσφροσυνάων,
οὐκ ἀέκητι Ζηνὸς Ὀλυμπίου ὕψι μέδοντος,
ὄφρ' Ἡρακλῆος Θηβαγενέος κλέος εἴη
πλεῖον ἔτ' ἢ τὸ πάροιθεν ἐπὶ χθόνα πουλυβότειραν.
ταῦτ' ἄρα ἁζόμενος τίμα ἀριδείκετον υἱόν·
καί περ χωόμενος παύθη χόλου, ὃν πρὶν ἔχεσκεν,
οὕνεκ' ἐρίζετο βουλὰς ὑπερμενέι Κρονίωνι.
καὶ γὰρ ὅτ' ἐκρίνοντο θεοὶ θνητοί τ' ἄνθρωποι
Μηκώνῃ, τότ' ἔπειτα μέγαν βοῦν πρόφρονι θυμῷ
δασσάμενος προύθηκε, Διὸς νόον ἐξαπαφίσκων.
τῷ μὲν γὰρ σάρκάς τε καὶ ἔγκατα πίονα δημῷ
ἐν ῥινῷ κατέθηκε, καλύψας γαστρὶ βοείῃ,
τοῖς δ' αὖτ' ὀστέα λευκὰ βοὸς δολίῃ ἐπὶ τέχνῃ
εὐθετίσας κατέθηκε, καλύψας ἀργέτι δημῷ.
δὴ τότε μιν προσέειπε πατὴρ ἀνδρῶν τε θεῶν τε·
“ Ἰαπετιονίδη, πάντων ἀριδείκετ' ἀνάκτων,

all'Erebo spinse colpitolo col fulmine fumante
per via della sua tracotanza e della forza senza pari.
Atlante il cielo ampio sostiene, a ciò costretto da forte necessità,
ai confini della terra, di fronte alle Esperidi dal canto sonoro,
con la testa facendo forza e con le infaticabili braccia;
tale destino assegnò a lui Zeus accorto.
Legò Prometeo dai vari pensieri con inestricabili lacci,
con legami dolorosi, che a mezzo d'una colonna poi avvolse,
e sopra gli avventò un'aquila, ampia d'ali, che il fegato
gli mangiasse immortale, che ricresceva altrettanto
la notte quanto nel giorno gli aveva mangiato l'uccello dall'ampie ali.
Ma la uccise il prode figlio di Alcmena dalle belle caviglie,
Eracle, e dalla crudele sciagura allontanò
il figlio di Iapeto, e lo liberò dai tormenti
non contro il volere di Zeus olimpio che regna nell'alto,
perché di Eracle, stirpe di Tebe, la fama fosse
maggiore di quanto lo era prima sulla terra nutrice;
in tal modo dunque onorò l'illustre suo figlio
e, pur irato, lasciò il rancore che prima nutriva
perché quello volle contendere contro i disegni del possente figlio di Crono.
Infatti, quando la loro contesa dirimevano dèi e uomini mortali
a Mecone, allora un grande bue, con animo consapevole,
spartì, dopo averlo diviso, volendo ingannare la mente di Zeus;
da una parte infatti carni e interiora ricche di grasso
pose in una pelle, nascostele nel ventre del bue,
dall'altra ossa bianche di bue, per perfido inganno,
con arte disposte, nascose nel bianco grasso.
E allora a lui disse il padre degli uomini e degli dèi:
«O figlio di Iapeto, illustre fra tutti i signori,

ὦ πέπον, ὡς ἑτεροζήλως διεδάσσαο μοίρας."
ὣς φάτο κερτομέων Ζεὺς ἄφθιτα μήδεα εἰδώς·
τὸν δ' αὖτε προσέειπε Προμηθεὺς ἀγκυλομήτης,
ἦκ' ἐπιμειδήσας, δολίης δ' οὐ λήθετο τέχνης·
"Ζεῦ κύδιστε μέγιστε θεῶν αἰειγενετάων,
τῶν δ' ἕλευ ὁπποτέρην σε ἐνὶ φρεσὶ θυμὸς ἀνώγει."
φῆ ῥα δολοφρονέων· Ζεὺς δ' ἄφθιτα μήδεα εἰδὼς
γνῶ ῥ' οὐδ' ἠγνοίησε δόλον· κακὰ δ' ὄσσετο θυμῷ
θνητοῖς ἀνθρώποισι, τὰ καὶ τελέεσθαι ἔμελλε.
χερσὶ δ' ὅ γ' ἀμφοτέρῃσιν ἀνείλετο λευκὸν ἄλειφαρ,
χώσατο δὲ φρένας ἀμφί, χόλος δέ μιν ἵκετο θυμόν,
ὡς ἴδεν ὀστέα λευκὰ βοὸς δολίῃ ἐπὶ τέχνῃ.
ἐκ τοῦ δ' ἀθανάτοισιν ἐπὶ χθονὶ φῦλ' ἀνθρώπων
καίουσ' ὀστέα λευκὰ θυηέντων ἐπὶ βωμῶν.
τὸν δὲ μέγ' ὀχθήσας προσέφη νεφεληγερέτα Ζεύς·
" Ἰαπετιονίδη, πάντων πέρι μήδεα εἰδώς,
ὦ πέπον, οὐκ ἄρα πω δολίης ἐπελήθεο τέχνης."
ὣς φάτο χωόμενος Ζεὺς ἄφθιτα μήδεα εἰδώς.
ἐκ τούτου δήπειτα χόλου μεμνημένος αἰεὶ
οὐκ ἐδίδου μελίῃσι πυρὸς μένος ἀκαμάτοιο
θνητοῖς ἀνθρώποις οἳ ἐπὶ χθονὶ ναιετάουσιν·
ἀλλά μιν ἐξαπάτησεν ἐὺς πάις Ἰαπετοῖο
κλέψας ἀκαμάτοιο πυρὸς τηλέσκοπον αὐγὴν
ἐν κοίλῳ νάρθηκι· δάκεν δ' ἄρα νειόθι θυμὸν
Ζῆν' ὑψιβρεμέτην, ἐχόλωσε δέ μιν φίλον ἦτορ,
ὡς ἴδ' ἐν ἀνθρώποισι πυρὸς τηλέσκοπον αὐγήν.
αὐτίκα δ' ἀντὶ πυρὸς τεῦξεν κακὸν ἀνθρώποισι·
γαίης γὰρ σύμπλασσε περικλυτὸς Ἀμφιγυήεις

amico mio caro, con quanta ingiustizia facesti le parti».
Così disse Zeus beffardo che sa eterni consigli,
ma a lui rispose Prometeo dai torti pensieri,
ridendo sommesso, e non dimenticava le sue ingannevoli arti:
«O Zeus nobilissimo, il più grande degli dèi sempre esistenti,
di queste scegli quella che il cuore nel petto ti dice».
Così disse meditando inganni, ma Zeus che sa eterni consigli
riconobbe l'inganno, né gli sfuggì, e mali meditava dentro il suo cuore
per gli uomini mortali e a compierli si preparava.
Con ambedue le mani il bianco grasso raccolse;
si adirò dentro l'animo e l'ira raggiunse il suo cuore,
come vide le ossa bianche del bue frutto del perfido inganno:
è da allora che agli immortali la stirpe degli uomini sulla terra
brucia ossa bianche sugli altari odorosi.
Molto indignato gli disse Zeus adunatore di nubi:
«O figlio di Iapeto, tu che sopra tutti sai cose sagge,
caro amico, non mi sfuggì la tua arte ingannevole».
Così disse Zeus irato, che sa immortali pensieri,
e da allora dell'inganno memore sempre
non concesse più ai legni la forza del fuoco indefesso
per gli uomini mortali che sulla terra hanno dimora.
Ma il prode figlio di Iapeto lo ingannò
rubando il bagliore lungisplendente del fuoco indefesso
in una ferula cava; s'addolorò fino in fondo nel cuore
Zeus alto tonante, e l'animo gli arse dall'ira
appena vide fra gli uomini il bagliore lungisplendente del fuoco.
Allora in cambio del fuoco ordì un male per gli uomini:
infatti l'illustre Anfigiee formò con la terra

παρθένῳ αἰδοίῃ ἴκελον Κρονίδεω διὰ βουλάς·
ζῶσε δὲ καὶ κόσμησε θεὰ γλαυκῶπις Ἀθήνη
ἀργυφέῃ ἐσθῆτι· κατὰ κρῆθεν δὲ καλύπτρην
δαιδαλέην χείρεσσι κατέσχεθε, θαῦμα ἰδέσθαι·
[ἀμφὶ δέ οἱ στεφάνους νεοθηλέας, ἄνθεα ποίης,
ἱμερτοὺς περίθηκε καρήατι Παλλὰς Ἀθήνη·]
ἀμφὶ δέ οἱ στεφάνην χρυσέην κεφαλῆφιν ἔθηκε,
τὴν αὐτὸς ποίησε περικλυτὸς Ἀμφιγυήεις
ἀσκήσας παλάμῃσι, χαριζόμενος Διὶ πατρί.
τῇ δ' ἔνι δαίδαλα πολλὰ τετεύχατο, θαῦμα ἰδέσθαι,
κνώδαλ' ὅσ' ἤπειρος δεινὰ τρέφει ἠδὲ θάλασσα·
τῶν ὅ γε πόλλ' ἐνέθηκε, χάρις δ' ἐπὶ πᾶσιν ἄητο,
θαυμάσια, ζωοῖσιν ἐοικότα φωνήεσσιν.
αὐτὰρ ἐπεὶ δὴ τεῦξε καλὸν κακὸν ἀντ' ἀγαθοῖο,
ἐξάγαγ' ἔνθά περ ἄλλοι ἔσαν θεοὶ ἠδ' ἄνθρωποι,
κόσμῳ ἀγαλλομένην γλαυκώπιδος 'Οβριμοπάτρης·
θαῦμα δ' ἔχ' ἀθανάτους τε θεοὺς θνητούς τ' ἀνθρώπους,
ὡς εἶδον δόλον αἰπύν, ἀμήχανον ἀνθρώποισιν.
ἐκ τῆς γὰρ γένος ἐστὶ γυναικῶν θηλυτεράων,
[τῆς γὰρ ὀλοίιόν ἐστι γένος καὶ φῦλα γυναικῶν,]
πῆμα μέγα θνητοῖσι, σὺν ἀνδράσι ναιετάουσαι,
οὐλομένης Πενίης οὐ σύμφοροι, ἀλλὰ Κόροιο.
ὡς δ' ὁπότ' ἐν σμήνεσσι κατηρεφέεσσι μέλισσαι
κηφῆνας βόσκωσι, κακῶν ξυνήονας ἔργων·
αἱ μέν τε πρόπαν ἦμαρ ἐς ἠέλιον καταδύντα
†ἠμάτιαι σπεύδουσι τιθεῖσί τε κηρία λευκά,
οἱ δ' ἔντοσθε μένοντες ἐπηρεφέας κατὰ σίμβλους
ἀλλότριον κάματον σφετέρην ἐς γαστέρ' ἀμῶνται·
ὣς δ' αὔτως ἄνδρεσσι κακὸν θνητοῖσι γυναῖκας
Ζεὺς ὑψιβρεμέτης θῆκε, ξυνήονας ἔργων
ἀργαλέων. ἕτερον δὲ πόρεν κακὸν ἀντ' ἀγαθοῖο,

un'immagine di vergine vereconda, per il volere del figlio
[di Crono,
l'ornò di cintura la dea glaucopide Atena e la vestì
di candida veste; dall'alto del capo un velo
dai mille ricami di sua mano le fece cadere, meraviglia a
[vedersi;
e intorno collane di fiori d'erba appena fiorita,
amabili, pose sulla sua testa Pallade Atena;
e intorno alla testa un aureo diadema le pose
che fabbricò apposta l'illustre Anfigiee,
con le sue mani operando, per compiacere a Zeus padre;
in esso, meraviglia a vedersi, aveva scolpite molte
belve terribili, quante la terra in gran numero nutre, ed
[il mare,
e di queste tante poste ne aveva, e grazia su tutte aleggiava,
magnifiche, simili in tutto agli animali dotati di voce.
E poi, dopo che egli fece il bel male in cambio del bene,
la condusse dov'erano gli altri, dèi e mortali,
superba dell'ornamento della Glaucopide, la figlia del padre
[tremendo,
e lo stupore teneva gli dèi immortali e gli uomini mortali
come videro l'alto inganno, senza scampo per gli uomini,
da lei infatti viene la stirpe delle donne.
Di lei infatti è la stirpe nefasta e la razza delle donne,
che, sciagura grande per i mortali, fra gli uomini hanno
[dimora,
compagne non di rovinosa indigenza ma d'abbondanza.
Come quando negli alveari ombrosi le api
nutrono i fuchi, partecipi di opere cattive:
esse per tutto il giorno, fino al tramonto del sole,
ogni giorno s'affrettano sollecite e fanno i bianchi favi,
ma quelli restando dentro gli ombrosi alveari
l'altrui fatica nel loro ventre raccolgono;
così per gli uomini mortali un male, le donne,
Zeus alto tonante fece, partecipi d'opere
moleste, e un altro male diede in cambio d'un bene.

ὅς κε γάμον φεύγων καὶ μέρμερα ἔργα γυναικῶν
μὴ γῆμαι ἐθέλῃ, ὀλοὸν δ' ἐπὶ γῆρας ἵκηται
χήτει γηροκόμοιο· ὁ δ' οὐ βιότου γ' ἐπιδευὴς
ζώει, ἀποφθιμένου δὲ διὰ ζωὴν δατέονται
χηρωσταί. ᾧ δ' αὖτε γάμου μετὰ μοῖρα γένηται,
κεδνὴν δ' ἔσχεν ἄκοιτιν, ἀρηρυῖαν πραπίδεσσι,
τῷ δέ τ' ἀπ' αἰῶνος κακὸν ἐσθλῷ ἀντιφερίζει
ἐμμενές· ὃς δέ κε τέτμῃ ἀταρτηροῖο γενέθλης,
ζώει ἐνὶ στήθεσσιν ἔχων ἀλίαστον ἀνίην
θυμῷ καὶ κραδίῃ, καὶ ἀνήκεστον κακόν ἐστιν.
ὣς οὐκ ἔστι Διὸς κλέψαι νόον οὐδὲ παρελθεῖν.
οὐδὲ γὰρ Ἰαπετιονίδης ἀκάκητα Προμηθεὺς
τοῖό γ' ὑπεξήλυξε βαρὺν χόλον, ἀλλ' ὑπ' ἀνάγκης
καὶ πολύιδριν ἐόντα μέγας κατὰ δεσμὸς ἐρύκει.
Ὀβριάρεῳ δ' ὡς πρῶτα πατὴρ ὠδύσσατο θυμῷ
Κόττῳ τ' ἠδὲ Γύγῃ, δῆσε κρατερῷ ἐνὶ δεσμῷ,
ἠνορέην ὑπέροπλον ἀγώμενος ἠδὲ καὶ εἶδος
καὶ μέγεθος· κατένασσε δ' ὑπὸ χθονὸς εὐρυοδείης.
ἔνθ' οἵ γ' ἄλγε' ἔχοντες ὑπὸ χθονὶ ναιετάοντες
εἵατ' ἐπ' ἐσχατιῇ μεγάλης ἐν πείρασι γαίης
δηθὰ μάλ' ἀχνύμενοι, κραδίῃ μέγα πένθος ἔχοντες.
ἀλλά σφεας Κρονίδης τε καὶ ἀθάνατοι θεοὶ ἄλλοι
οὓς τέκεν ἠύκομος Ῥείη Κρόνου ἐν φιλότητι
Γαίης φραδμοσύνῃσιν ἀνήγαγον ἐς φάος αὖτις·
αὐτὴ γάρ σφιν ἅπαντα διηνεκέως κατέλεξε,
σὺν κείνοις νίκην τε καὶ ἀγλαὸν εὖχος ἀρέσθαι.
δηρὸν γὰρ μάρναντο πόνον θυμαλγέ' ἔχοντες
ἀντίον ἀλλήλοισι διὰ κρατερὰς ὑσμίνας
Τιτῆνές τε θεοὶ καὶ ὅσοι Κρόνου ἐξεγένοντο,
οἱ μὲν ἀφ' ὑψηλῆς Ὄθρυος Τιτῆνες ἀγαυοί,

Colui che fuggendo le nozze e le moleste opere delle donne
non vuole sposarsi e giunge alla triste vecchiaia
privo di chi della sua vecchiaia abbia cura, costui non di
[vitto mancante
vive, ma, lui morto, i suoi beni dividono
remoti cognati; per colui invece a cui le nozze diede il
[destino
ed ebbe una buona sposa, saggia nel cuore,
per lui, per tutta la vita, il male contende col bene,
senza sosta; ma chi s'imbatte in una funesta genìa
vive tenendo dentro nel petto incessante dolore,
nel cuore e nell'anima, e il male non ha medicina.
Così non si può di Zeus ingannare il volere né ad esso
[sottrarsi:
né infatti il figlio di Iapeto, Prometeo benefico,
sfuggì l'ira profonda di lui; ma è pur necessario,
per quanto scaltro egli fosse, che un grande legame lo
[tenga.
Non appena il padre s'adirò nel cuore contro Obriareo
Cotto e Gige, li legò con un possente legame
invidioso della loro forza senza pari, ed anche della loro
[bellezza
e grandezza, e li pose sotto la terra dagli ampi cammini.
Là essi, soffrendo dolori, sotto terra abitando,
stanno all'estremo del mondo, ai confini della grande terra,
da lungo in preda alla pena, tenendo nel cuore grave
[cruccio.
Ma loro il Cronide e gli altri dèi immortali,
che Rea chiome belle partorì per l'amore con Crono,
per i consigli di Gaia condussero alla luce di nuovo.
Lei chiaramente disse tutto a loro:
con loro vittoria e splendida fama si sarebbero procurati.
Da tempo infatti lottavano, soffrendo pene affliggenti,
gli uni contro gli altri in tremende battaglie, 631
gli dèi Titani e quanti erano figli di Crono, 630
gli uni dall'alto dell'Otri, i Titani gloriosi, 632

οἱ δ' ἄρ' ἀπ' Οὐλύμποιο θεοὶ δωτῆρες ἐάων
οὓς τέκεν ἠύκομος Ῥείη Κρόνῳ εὐνηθεῖσα.
οἵ ῥα τότ' ἀλλήλοισι †μάχην θυμαλγέ' ἔχοντες
συνεχέως ἐμάχοντο δέκα πλείους ἐνιαυτούς·
οὐδέ τις ἦν ἔριδος χαλεπῆς λύσις οὐδὲ τελευτὴ
οὐδετέροις, ἶσον δὲ τέλος τέτατο πτολέμοιο.
ἀλλ' ὅτε δὴ κείνοισι παρέσχεθεν ἄρμενα πάντα,
νέκταρ τ' ἀμβροσίην τε, τά περ θεοὶ αὐτοὶ ἔδουσι,
πάντων ⟨τ'⟩ ἐν στήθεσσιν ἀέξετο θυμὸς ἀγήνωρ,
[ὡς νέκταρ τ' ἐπάσαντο καὶ ἀμβροσίην ἐρατεινήν,]
δὴ τότε τοῖς μετέειπε πατὴρ ἀνδρῶν τε θεῶν τε·
"κέκλυτέ μευ Γαίης τε καὶ Οὐρανοῦ ἀγλαὰ τέκνα,
ὄφρ' εἴπω τά με θυμὸς ἐνὶ στήθεσσι κελεύει.
ἤδη γὰρ μάλα δηρὸν ἐναντίοι ἀλλήλοισι
νίκης καὶ κάρτευς πέρι μαρνάμεθ' ἤματα πάντα,
Τιτῆνές τε θεοὶ καὶ ὅσοι Κρόνου ἐκγενόμεσθα.
ὑμεῖς δὲ μεγάλην τε βίην καὶ χεῖρας ἀάπτους
φαίνετε Τιτήνεσσιν ἐναντίον ἐν δαΐ λυγρῇ,
μνησάμενοι φιλότητος ἐνηέος, ὅσσα παθόντες
ἐς φάος ἂψ ἀφίκεσθε δυσηλεγέος ὑπὸ δεσμοῦ
ἡμετέρας διὰ βουλὰς ὑπὸ ζόφου ἠερόεντος."
ὣς φάτο· τὸν δ' αἶψ' αὖτις ἀμείβετο Κόττος ἀμύμων·
"δαιμόνι', οὐκ ἀδάητα πιφαύσκεαι, ἀλλὰ καὶ αὐτοὶ
ἴδμεν ὅ τοι περὶ μὲν πραπίδες, περὶ δ' ἐστὶ νόημα,
ἀλκτὴρ δ' ἀθανάτοισιν ἀρῆς γένεο κρυεροῖο,
σῇσι δ' ἐπιφροσύνῃσιν ὑπὸ ζόφου ἠερόεντος
ἄψορρον ἐξαῦτις ἀμειλίκτων ὑπὸ δεσμῶν
ἠλύθομεν, Κρόνου υἱὲ ἄναξ, ἀνάελπτα παθόντες.
τῷ καὶ νῦν ἀτενεῖ τε νόῳ καὶ πρόφρονι θυμῷ
ῥυσόμεθα κράτος ὑμὸν ἐν αἰνῇ δηιοτῆτι,
μαρνάμενοι Τιτῆσιν ἀνὰ κρατερὰς ὑσμίνας."
ὣς φάτ'· ἐπῄνησαν δὲ θεοὶ δωτῆρες ἐάων

gli altri dall'Olimpo, gli dèi donatori di beni,
che Rea belle chiome partorì, giacendo con Crono;
costoro, allora, gli uni contro gli altri, sostenendo la lotta
[che affligge l'animo,
continuamente guerra facevano, da dieci anni interi,
né c'era, dell'aspra contesa, soluzione oppure fine,
né per gli uni né per gli altri; incerta si protraeva la fine
[della guerra.
Ma quando a quelli fu offerto tutto ciò che conviene,
nettare e ambrosia, quello che mangian gli dèi,
a tutti nel petto si rafforzava l'animo valoroso,
quando gustarono nettare e ambrosia desiderata.
Allora a loro parlò il padre degli uomini e degli dèi:
«Ascoltatemi, illustri figli di Gaia e di Urano,
che io dica ciò che nel petto il mio cuore comanda.
Già infatti da tempo gli uni contro gli altri
lottiamo ogni giorno per la vittoria e il potere,
gli dèi Titani e quanti nascemmo da Crono;
voi la vostra grande forza e le braccia invincibili
mostrate contro i Titani, nella battaglia piena di lacrime,
memori della buona amicizia e dopo avere tanto
[sofferto
giungeste di nuovo alla luce, liberi da doloroso legame,
per il nostro volere, dalla caligine oscura».
  Così disse; a lui di rimando rispose l'irreprensibile Cotto:
«O divino, tu dici cose non ignorate, perché anche noi
sappiamo che in te è senno e saggezza,
e tu fosti per gli immortali difesa da terribile male;
per tuo volere dalla caligine oscura,
indietro, liberi da legami spietati,
qui siamo giunti, signore figlio di Crono, godendo di beni
[insperati.
Per questo ora con inflessibile cuore e cosciente volere
difenderemo il vostro potere nella lotta terribile
combattendo i Titani in aspre battaglie».
  Così disse, e lo lodarono gli dèi dispensatori di beni,

μῦθον ἀκούσαντες· πολέμου δ' ἐλιλαίετο θυμὸς
μᾶλλον ἔτ' ἢ τὸ πάροιθε· μάχην δ' ἀμέγαρτον ἔγειραν
πάντες, θήλειαί τε καὶ ἄρσενες, ἤματι κείνῳ,
Τιτῆνές τε θεοὶ καὶ ὅσοι Κρόνου ἐξεγένοντο,
οὕς τε Ζεὺς ἐρέβεσφιν ὑπὸ χθονὸς ἧκε φόωσδε,
δεινοί τε κρατεροί τε, βίην ὑπέροπλον ἔχοντες.
τῶν ἑκατὸν μὲν χεῖρες ἀπ' ὤμων ἀίσσοντο
πᾶσιν ὁμῶς, κεφαλαὶ δὲ ἑκάστῳ πεντήκοντα
ἐξ ὤμων ἐπέφυκον ἐπὶ στιβαροῖσι μέλεσσιν.
οἳ τότε Τιτήνεσσι κατέσταθεν ἐν δαῒ λυγρῇ
πέτρας ἠλιβάτους στιβαρῇς ἐν χερσὶν ἔχοντες·
Τιτῆνες δ' ἑτέρωθεν ἐκαρτύναντο φάλαγγας
προφρονέως· χειρῶν τε βίης θ' ἅμα ἔργον ἔφαινον
ἀμφότεροι, δεινὸν δὲ περίαχε πόντος ἀπείρων,
γῆ δὲ μέγ' ἐσμαράγησεν, ἐπέστενε δ' οὐρανὸς εὐρὺς
σειόμενος, πεδόθεν δὲ τινάσσετο μακρὸς Ὄλυμπος
ῥιπῇ ὕπ' ἀθανάτων, ἔνοσις δ' ἵκανε βαρεῖα
τάρταρον ἠερόεντα ποδῶν, αἰπεῖά τ' ἰωὴ
ἀσπέτου ἰωχμοῖο βολάων τε κρατεράων.
ὣς ἄρ' ἐπ' ἀλλήλοις ἵεσαν βέλεα στονόεντα·
φωνὴ δ' ἀμφοτέρων ἵκετ' οὐρανὸν ἀστερόεντα
κεκλομένων· οἱ δὲ ξύνισαν μεγάλῳ ἀλαλητῷ.
οὐδ' ἄρ' ἔτι Ζεὺς ἴσχεν ἑὸν μένος, ἀλλά νυ τοῦ γε
εἶθαρ μὲν μένεος πλῆντο φρένες, ἐκ δέ τε πᾶσαν
φαῖνε βίην· ἄμυδις δ' ἄρ' ἀπ' οὐρανοῦ ἠδ' ἀπ' Ὀλύμπου
ἀστράπτων ἔστειχε συνωχαδόν, οἱ δὲ κεραυνοὶ
ἴκταρ ἅμα βροντῇ τε καὶ ἀστεροπῇ ποτέοντο
χειρὸς ἄπο στιβαρῆς, ἱερὴν φλόγα εἰλυφόωντες,
ταρφέες· ἀμφὶ δὲ γαῖα φερέσβιος ἐσμαράγιζε
καιομένη, λάκε δ' ἀμφὶ περὶ μεγάλ' ἄσπετος ὕλη·
ἔζεε δὲ χθὼν πᾶσα καὶ Ὠκεανοῖο ῥέεθρα
πόντός τ' ἀτρύγετος· τοὺς δ' ἄμφεπε θερμὸς ἀϋτμὴ
Τιτῆνας χθονίους, φλὸξ δ' αἰθέρα δῖαν ἵκανεν

ascoltando le sue parole; e desiderio di guerra prese il loro
[cuore
ancor più di prima; e una battaglia terribile risvegliarono
tutti, dee e dèi, in quel giorno,
gli dèi Titani e quanti erano figli di Crono,
e coloro che Zeus dall'erebo, sotto terra, condusse alla luce,
terribili e forti, armati di tremenda violenza.
Cento braccia dalle loro spalle si alzavano
a tutti ugualmente, e cinquanta teste a ciascuno
dalle spalle nascevano sulle forti membra.
Essi allora contro i Titani si levarono in lotta terribile,
rocce scoscese nelle forti mani serrando.
I Titani, di contro, rinforzaron le schiere,
risoluti, e mostrarono insieme l'opera e di mani e di forza,
gli uni e gli altri; e terribile intorno muggiva il mare infinito
e la terra molto rimbombava e gemeva il cielo ampio
scosso, e fin dal basso tremava il grande Olimpo
allo slancio degli immortali, e il tremore giungeva profondo
al Tartaro oscuro, e dei piedi impetuosi il rimbombo
dell'indicibile battaglia e dei colpi violenti;
così dunque gli uni contro gli altri lanciavano dardi luttuosi,
e giungeva al cielo stellato il grido dalle due parti
che si incalzavano mentre si urtavano con grande tumulto.
Né più oltre Zeus tratteneva il vigore, ma a lui
il cuore fu pieno di forza, e tutta
mostrò la violenza; intanto dal cielo e dall'Olimpo
veniva lampeggiando senza posa, e le folgori
fitte insieme col tuono e con il lampo volavano
dalle sue mani forti che ruotavano la fiamma divina
più volte; e attorno la terra nutrice crepitava
bruciando, e gemeva intorno nel fuoco la grande indicibile
[selva.
Bolliva la terra tutta, e i flutti d'Oceano,
e il mare infecondo; un caldo vapore avvolgeva
i Titani figli della terra e la fiamma giungeva alle nubi divine

ἄσπετος, ὄσσε δ' ἄμερδε καὶ ἰφθίμων περ ἐόντων
αὐγὴ μαρμαίρουσα κεραυνοῦ τε στεροπῆς τε.
καῦμα δὲ θεσπέσιον κάτεχεν χάος· εἴσατο δ' ἄντα
ὀφθαλμοῖσιν ἰδεῖν ἠδ' οὔασιν ὄσσαν ἀκοῦσαι
αὔτως, ὡς ὅτε γαῖα καὶ οὐρανὸς εὐρὺς ὕπερθε
πίλνατο· τοῖος γάρ κε μέγας ὑπὸ δοῦπος ὀρώρει,
τῆς μὲν ἐρειπομένης, τοῦ δ' ὑψόθεν ἐξεριπόντος·
τόσσος δοῦπος ἔγεντο θεῶν ἔριδι ξυνιόντων.
σὺν δ' ἄνεμοι ἔνοσίν τε κονίην τ' ἐσφαράγιζον
βροντήν τε στεροπήν τε καὶ αἰθαλόεντα κεραυνόν,
κῆλα Διὸς μεγάλοιο, φέρον δ' ἰαχήν τ' ἐνοπήν τε
ἐς μέσον ἀμφοτέρων· ὄτοβος δ' ἄπλητος ὀρώρει
σμερδαλέης ἔριδος, κάρτευς δ' ἀνεφαίνετο ἔργον.
ἐκλίνθη δὲ μάχη· πρὶν δ' ἀλλήλοις ἐπέχοντες
ἐμμενέως ἐμάχοντο διὰ κρατερὰς ὑσμίνας.
οἱ δ' ἄρ' ἐνὶ πρώτοισι μάχην δριμεῖαν ἔγειραν,
Κόττος τε Βριάρεώς τε Γύγης τ' ἄατος πολέμοιο·
οἵ ῥα τριηκοσίας πέτρας στιβαρέων ἀπὸ χειρῶν
πέμπον ἐπασσυτέρας, κατὰ δ' ἐσκίασαν βελέεσσι
Τιτῆνας· καὶ τοὺς μὲν ὑπὸ χθονὸς εὐρυοδείης
πέμψαν καὶ δεσμοῖσιν ἐν ἀργαλέοισιν ἔδησαν,
νικήσαντες χερσὶν ὑπερθύμους περ ἐόντας,
τόσσον ἔνερθ' ὑπὸ γῆς ὅσον οὐρανός ἐστ' ἀπὸ γαίης·
τόσσον γάρ τ' ἀπὸ γῆς ἐς τάρταρον ἠερόεντα.
ἐννέα γὰρ νύκτας τε καὶ ἤματα χάλκεος ἄκμων
οὐρανόθεν κατιών, δεκάτῃ κ' ἐς γαῖαν ἵκοιτο·
[ἶσον δ' αὖτ' ἀπὸ γῆς ἐς τάρταρον ἠερόεντα·]
ἐννέα δ' αὖ νύκτας τε καὶ ἤματα χάλκεος ἄκμων
ἐκ γαίης κατιών, δεκάτῃ κ' ἐς τάρταρον ἵκοι.
τὸν πέρι χάλκεον ἕρκος ἐλήλαται· ἀμφὶ δέ μιν νὺξ
τριστοιχὶ κέχυται περὶ δειρήν· αὐτὰρ ὕπερθε
γῆς ῥίζαι πεφύασι καὶ ἀτρυγέτοιο θαλάσσης.

indicibile, e a loro accecava gli occhi, per quanto forti essi
[fossero,
il lampeggiante bagliore dei fulmini e dei balenii.
Un ardore prodigioso penetrava Caos, e pareva davanti
agli occhi a vedersi e il suono ad udirsi agli orecchi
come quando Gaia e Urano ampio di sopra
si scontrano: tanto, infatti, il grande fragore sorgeva
come se l'una rovinasse e l'altro crollasse sopra di lei;
tanto fragore nasceva dagli dèi che si scontravano nella
[lotta.
E insieme i venti tremore e polvere turbinavano in alto
e il tuono e il lampo e la folgore fiammeggiante,
armi di Zeus grande, portavano, e strepito e grida
nel mezzo degli uni e degli altri; un fragore terribile nasceva
dalla lotta tremenda. Delle loro imprese appariva la forza.
E inclinò la battaglia; ma prima gli uni contro gli altri,
[ostinati,
saldi, avevano lottato in aspra battaglia.
Per primi infatti risvegliarono la terribile battaglia
Cotto Briareo e Gige insaziato di guerra,
che trecento pietre dalle braccia vigorose
scagliavano di seguito, e coprivano di dardi
i Titani; e sotto la terra dagli ampi cammini
li sprofondarono e li legarono in lacci tremendi,
dopo che li ebbero vinti con le loro braccia, per quanto
[animosi essi fossero,
tanto sotto la terra quanto dalla terra il cielo è lontano;
tanto infatti dalla terra è lontano il Tartaro oscuro;
ché per nove notti e giorni una bronzea incudine
cadendo dal cielo al decimo verrebbe in terra;
e ugualmente distante dalla terra è il Tartaro oscuro:
ché ancora per nove notti e giorni una bronzea incudine
dalla terra cadendo al decimo arriverebbe al Tartaro.
Intorno vi corre un bronzeo recinto; e la notte
triplicemente si stende d'intorno al collo; e di sopra
sorgono le radici della terra e del mare infecondo.

ἔνθα θεοὶ Τιτῆνες ὑπὸ ζόφῳ ἠερόεντι
κεκρύφαται βουλῇσι Διὸς νεφεληγερέταο,
χώρῳ ἐν εὐρώεντι, πελώρης ἔσχατα γαίης.
τοῖς οὐκ ἐξιτόν ἐστι, θύρας δ' ἐπέθηκε Ποσειδέων
χαλκείας, τεῖχος δ' ἐπελήλαται ἀμφοτέρωθεν.
[ἔνθα Γύγης Κόττος τε καὶ 'Οβριάρεως μεγάθυμος
ναίουσιν, φύλακες πιστοὶ Διὸς αἰγιόχοιο.
ἔνθα δὲ γῆς δνοφερῆς καὶ ταρτάρου ἠερόεντος
πόντου τ' ἀτρυγέτοιο καὶ οὐρανοῦ ἀστερόεντος
ἑξείης πάντων πηγαὶ καὶ πείρατ' ἔασιν,
ἀργαλέ' εὐρώεντα, τά τε στυγέουσι θεοί περ·
χάσμα μέγ', οὐδέ κε πάντα τελεσφόρον εἰς ἐνιαυτὸν
οὖδας ἵκοιτ', εἰ πρῶτα πυλέων ἔντοσθε γένοιτο,
ἀλλά κεν ἔνθα καὶ ἔνθα φέροι πρὸ θύελλα θυέλλης
ἀργαλέη· δεινὸν δὲ καὶ ἀθανάτοισι θεοῖσι.]
[τοῦτο τέρας· καὶ Νυκτὸς ἐρεμνῆς οἰκία δεινὰ
ἕστηκεν νεφέλῃς κεκαλυμμένα κυανέῃσι.]
τῶν πρόσθ' Ἰαπετοῖο πάις ἔχει οὐρανὸν εὐρὺν
ἑστηὼς κεφαλῇ τε καὶ ἀκαμάτῃσι χέρεσσιν
ἀστεμφέως, ὅθι Νύξ τε καὶ Ἡμέρη ἆσσον ἰοῦσαι
ἀλλήλας προσέειπον ἀμειβόμεναι μέγαν οὐδὸν
χάλκεον· ἡ μὲν ἔσω καταβήσεται, ἡ δὲ θύραζε
ἔρχεται, οὐδέ ποτ' ἀμφοτέρας δόμος ἐντὸς ἐέργει,
ἀλλ' αἰεὶ ἑτέρη γε δόμων ἔκτοσθεν ἐοῦσα
γαῖαν ἐπιστρέφεται, ἡ δ' αὖ δόμου ἐντὸς ἐοῦσα
μίμνει τὴν αὐτῆς ὥρην ὁδοῦ, ἔστ' ἂν ἵκηται·
ἡ μὲν ἐπιχθονίοισι φάος πολυδερκὲς ἔχουσα,
ἡ δ' Ὕπνον μετὰ χερσί, κασίγνητον Θανάτοιο,
Νὺξ ὀλοή, νεφέλῃ κεκαλυμμένη ἠεροειδεῖ.
ἔνθα δὲ Νυκτὸς παῖδες ἐρεμνῆς οἰκί' ἔχουσιν,
Ὕπνος καὶ Θάνατος, δεινοὶ θεοί· οὐδέ ποτ' αὐτοὺς
Ἠέλιος φαέθων ἐπιδέρκεται ἀκτίνεσσιν
οὐρανὸν εἰσανιὼν οὐδ' οὐρανόθεν καταβαίνων.

È lì che gli dèi Titani, sotto caligine oscura,
sono celati per il volere di Zeus adunatore di nubi,
in un'oscura regione, all'estremo della terra prodigiosa.
Ed essi non possono uscire perché Posidone vi pose porte
di bronzo e un muro vi corre attorno da tutte le parti.
Lì Gige Cotto e Obriareo magnanimo
hanno dimora, custodi fedeli di Zeus egioco.

Là della terra nera e del Tartaro oscuro,
del mare infecondo e del cielo stellato,
di seguito, di tutti vi sono le scaturigini e i confini,
luoghi penosi e oscuri che anche gli dèi hanno in odio,
voragine enorme; né tutto un anno abbastanza sarebbe
per giungere al fondo a chi passasse dentro le porte,
ma qua e là lo porterebbe tempesta sopra tempesta
crudele; tremendo anche per gli dèi immortali
è tale prodigio. E di Notte oscura la casa terribile
s'inalza, da nuvole livide avvolta.

Di fronte ad essa il figlio di Iapeto tiene il cielo ampio
reggendolo con la testa e con infaticabili braccia,
saldo, là dove Notte e Giorno venendo vicini
si salutano passando alterni il gran limitare
di bronzo, l'uno per scendere dentro, l'altro attraverso
[la porta
esce, né mai entrambi ad un tempo la casa dentro trattiene,
ma sempre l'uno fuori della casa
la terra percorre e l'altro dentro la casa
aspetta l'ora del suo viaggio fin che essa venga;
l'uno tenendo per i terrestri la luce che molto vède,
l'altra ha Sonno fra le sue mani, fratello di Morte,
la Notte funesta, coperta di nube caliginosa.

Là hanno dimora i figli di Notte oscura,
Sonno e Morte, terribili dèi; né mai loro
Sole splendente guarda coi raggi,
sia che il cielo ascenda o il cielo discenda.

τῶν ἕτερος μὲν γῆν τε καὶ εὐρέα νῶτα θαλάσσης
ἥσυχος ἀνστρέφεται καὶ μείλιχος ἀνθρώποισι,
τοῦ δὲ σιδηρέη μὲν κραδίη, χάλκεον δέ οἱ ἦτορ
νηλεὲς ἐν στήθεσσιν· ἔχει δ' ὃν πρῶτα λάβῃσιν
ἀνθρώπων· ἐχθρὸς δὲ καὶ ἀθανάτοισι θεοῖσιν.
ἔνθα θεοῦ χθονίου πρόσθεν δόμοι ἠχήεντες
[ἰφθίμου τ' Ἀίδεω καὶ ἐπαινῆς Περσεφονείης]
ἑστᾶσιν, δεινὸς δὲ κύων προπάροιθε φυλάσσει,
νηλειής, τέχνην δὲ κακὴν ἔχει· ἐς μὲν ἰόντας
σαίνει ὁμῶς οὐρῇ τε καὶ οὔασιν ἀμφοτέροισιν,
ἐξελθεῖν δ' οὐκ αὖτις ἐᾷ πάλιν, ἀλλὰ δοκεύων
ἐσθίει, ὅν κε λάβῃσι πυλέων ἔκτοσθεν ἰόντα.
[ἰφθίμου τ' Ἀίδεω καὶ ἐπαινῆς Περσεφονείης.]
ἔνθα δὲ ναιετάει στυγερὴ θεὸς ἀθανάτοισι,
δεινὴ Στύξ, θυγάτηρ ἀψορρόου Ὠκεανοῖο
πρεσβυτάτη· νόσφιν δὲ θεῶν κλυτὰ δώματα ναίει
μακρῇσιν πέτρῃσι κατηρεφέ'· ἀμφὶ δὲ πάντῃ
κίοσιν ἀργυρέοισι πρὸς οὐρανὸν ἐστήρικται.
παῦρα δὲ Θαύμαντος θυγάτηρ πόδας ὠκέα Ἶρις
†ἀγγελίῃ πωλεῖται ἐπ' εὐρέα νῶτα θαλάσσης.
ὁππότ' ἔρις καὶ νεῖκος ἐν ἀθανάτοισιν ὄρηται,
καί ῥ' ὅστις ψεύδηται Ὀλύμπια δώματ' ἐχόντων,
Ζεὺς δέ τε Ἶριν ἔπεμψε θεῶν μέγαν ὅρκον ἐνεῖκαι
τηλόθεν ἐν χρυσέῃ προχόῳ πολυώνυμον ὕδωρ,
ψυχρόν, ὅ τ' ἐκ πέτρης καταλείβεται ἠλιβάτοιο
ὑψηλῆς· πολλὸν δὲ ὑπὸ χθονὸς εὐρυοδείης
ἐξ ἱεροῦ ποταμοῖο ῥέει διὰ νύκτα μέλαιναν·
Ὠκεανοῖο κέρας, δεκάτη δ' ἐπὶ μοῖρα δέδασται·
ἐννέα μὲν περὶ γῆν τε καὶ εὐρέα νῶτα θαλάσσης
δίνῃς ἀργυρέῃς εἱλιγμένος εἰς ἅλα πίπτει,
ἡ δὲ μί' ἐκ πέτρης προρέει, μέγα πῆμα θεοῖσιν.
ὅς κεν τὴν ἐπίορκον ἀπολλείψας ἐπομόσσῃ

Di essi l'uno la terra e l'ampio dorso del mare
tranquillo percorre e dolce per gli uomini,
dell'altra ferreo è il cuore e di bronzo l'animo,
spietata nel petto; e tiene per sempre colui che lei prende
degli uomini, nemica anche agli dèi immortali.
Lì davanti, del dio degli inferi la casa sonora,
del possente Ade e della terribile Persefoneia,
s'inalza, e dinanzi un cane terribile vi fa custodia,
spietato, e possiede un'astuzia crudele: a chi entra
con la coda fa festa e con gli orecchi ad un tempo,
ma dopo non lascia uscire, anzi, spiando
divora chiunque egli sorprende che esce fuori dalla porta
del possente Ade e della terribile Persefoneia.
Là ha dimora, odiosa agli dèi immortali,
terribile, Stige, figlia d'Oceano che in sé rifluisce,
la più vecchia. Lontano dagli dèi dimora, nell'illustre casa
di grandi rocce coperta, e tutt'intorno
s'appoggia su colonne d'argento elevata nel cielo.
Di rado di Taumanto la figlia, Iride dai piedi veloci,
là, nunzia, si aggira sull'ampio dorso del mare,
quando contesa o guerra sorge fra gli immortali,
e allora se qualcuno mènte fra gli abitanti delle case
[d'Olimpo,
Zeus manda Iride a portare degli dèi il gran giuramento,
da là, lontano, in un aureo boccale l'illustre acqua
fresca che si versa da una roccia scoscesa
e alta; in grande abbondanza, sotto la terra dai vasti
[sentieri,
dal sacro fiume scorre attraverso la nera notte
un braccio d'Oceano: la decima parte di esso gli fu
[attribuita;
con nove infatti attorno alla terra e all'ampio dorso del
[mare
in vortici argentei si versa nel mare:
questa sola dalla roccia scorre, gran male agli dèi;
perché chi questa versando spergiuri

ἀθανάτων οἳ ἔχουσι κάρη νιφόεντος Ὀλύμπου,
κεῖται νήυτμος τετελεσμένον εἰς ἐνιαυτόν·
οὐδέ ποτ' ἀμβροσίης καὶ νέκταρος ἔρχεται ἆσσον
βρώσιος, ἀλλά τε κεῖται ἀνάπνευστος καὶ ἄναυδος
στρωτοῖς ἐν λεχέεσσι, κακὸν δ' ἐπὶ κῶμα καλύπτει.
αὐτὰρ ἐπὴν νοῦσον τελέσει μέγαν εἰς ἐνιαυτόν,
ἄλλος δ' ἐξ ἄλλου δέχεται χαλεπώτερος ἆθλος·
εἰνάετες δὲ θεῶν ἀπαμείρεται αἰὲν ἐόντων,
οὐδέ ποτ' ἐς βουλὴν ἐπιμίσγεται οὐδ' ἐπὶ δαῖτας
ἐννέα πάντ' ἔτεα· δεκάτῳ δ' ἐπιμίσγεται αὖτις
.†εἰρέας ἀθανάτων οἳ Ὀλύμπια δώματ' ἔχουσι.
τοῖον ἄρ' ὅρκον ἔθεντο θεοὶ Στυγὸς ἄφθιτον ὕδωρ,
ὠγύγιον· τὸ δ' ἵησι καταστυφέλου διὰ χώρου.
ἔνθα δὲ γῆς δνοφερῆς καὶ ταρτάρου ἠερόεντος
πόντου τ' ἀτρυγέτοιο καὶ οὐρανοῦ ἀστερόεντος
ἑξείης πάντων πηγαὶ καὶ πείρατ' ἔασιν,
ἀργαλέ' εὐρώεντα, τά τε στυγέουσι θεοί περ.
ἔνθα δὲ μαρμάρεαί τε πύλαι καὶ χάλκεος οὐδός,
ἀστεμφὲς ῥίζῃσι διηνεκέεσσιν ἀρηρώς,
αὐτοφυής· πρόσθεν δὲ θεῶν ἔκτοσθεν ἁπάντων
Τιτῆνες ναίουσι, πέρην χάεος ζοφεροῖο.
αὐτὰρ ἐρισμαράγοιο Διὸς κλειτοὶ ἐπίκουροι
δώματα ναιετάουσιν ἐπ' Ὠκεανοῖο θεμέθλοις,
Κόττος τ' ἠδὲ Γύγης· Βριάρεών γε μὲν ἠὺν ἐόντα
γαμβρὸν ἑὸν ποίησε βαρύκτυπος Ἐννοσίγαιος,
δῶκε δὲ Κυμοπόλειαν ὀπυίειν, θυγατέρα ἥν.
αὐτὰρ ἐπεὶ Τιτῆνας ἀπ' οὐρανοῦ ἐξέλασε Ζεύς,
ὁπλότατον τέκε παῖδα Τυφωέα Γαῖα πελώρη
Ταρτάρου ἐν φιλότητι διὰ χρυσῆν Ἀφροδίτην·
οὗ χεῖρες †μὲν ἔασιν ἐπ' ἰσχύι ἔργματ' ἔχουσαι,†
καὶ πόδες ἀκάματοι κρατεροῦ θεοῦ· ἐκ δέ οἱ ὤμων
ἦν ἑκατὸν κεφαλαὶ ὄφιος δεινοῖο δράκοντος,

degli immortali che hanno la cima dell'Olimpo nevoso
giace senza respiro finché un anno compiuto non sia,
né mai all'ambrosia e al nettare può avvicinarsi,
suo nutrimento, ma giace senza respiro e senza parola
su letto ben steso e un cattivo torpore lo copre.
Ma quando il male ha fine, compiuto un grande anno,
passa da una ad un'altra prova più aspra:
per nove anni dagli dèi è tenuto lontano, sempre viventi,
né per consiglio a loro si unisce né per banchetto,
per nove anni interi; al decimo ancora s'unisce
all'assemblea degli immortali che abitano le case d'Olimpo.
Così gran giuramento gli dèi posero l'eterna acqua di Stige,
antica, che scorre attraverso rocciosa regione.
Là della terra oscura e del Tartaro tenebroso,
del mare infecondo e del cielo stellato,
di seguito, di tutti, sono le scaturigini e i confini,
luoghi squallidi e oscuri, che anche gli dèi hanno in odio.
Là sono le porte splendenti e la bronzea soglia,
inconcussa, su radici infinite commessa,
nata spontaneamente; davanti, lontano da tutti gli dèi,
i Titani hanno la loro dimora, di là dal caos tenebroso.
E poi di Zeus altitonante gli illustri aiutanti
abitano le loro dimore, sul fondo d'Oceano,
Cotto e Gige; Briareo, che era valente,
lo fece suo genero l'Ennosigeo che tuona profondo
e gli diede sua figlia, Cimopolea, come sposa.
Dopo che i Titani dal cielo Zeus cacciò via,
come ultimo figlio Gaia prodigiosa generò Tifeo,
di Tartaro in amore, per causa dell'aurea Afrodite;
le sue braccia son fatte per opere di forza
e i piedi sono instancabili, di quel forte dio; e dalle spalle
nascono cento teste di serpe, di terribile drago,

γλώσσῃσι δνοφερῇσι λελιχμότες· ἐν δέ οἱ ὄσσε
θεσπεσίῃς κεφαλῇσιν ὑπ' ὀφρύσι πῦρ ἀμάρυσσεν·
[πασέων δ' ἐκ κεφαλέων πῦρ καίετο δερκομένοιο·]
φωναὶ δ' ἐν πάσῃσιν ἔσαν δεινῇς κεφαλῇσι,
παντοίην ὄπ' ἱεῖσαι ἀθέσφατον· ἄλλοτε μὲν γὰρ
φθέγγονθ' ὥς τε θεοῖσι συνιέμεν, ἄλλοτε δ' αὖτε
ταύρου ἐριβρύχεω μένος ἀσχέτου ὄσσαν ἀγαύρου,
ἄλλοτε δ' αὖτε λέοντος ἀναιδέα θυμὸν ἔχοντος,
ἄλλοτε δ' αὖ σκυλάκεσσιν ἐοικότα, θαύματ' ἀκοῦσαι,
ἄλλοτε δ' αὖ ῥοίζεσχ', ὑπὸ δ' ἤχεεν οὔρεα μακρά.
καί νύ κεν ἔπλετο ἔργον ἀμήχανον ἤματι κείνῳ,
καί κεν ὅ γε θνητοῖσι καὶ ἀθανάτοισιν ἄναξεν,
εἰ μὴ ἄρ' ὀξὺ νόησε πατὴρ ἀνδρῶν τε θεῶν τε·
σκληρὸν δ' ἐβρόντησε καὶ ὄβριμον, ἀμφὶ δὲ γαῖα
σμερδαλέον κονάβησε καὶ οὐρανὸς εὐρὺς ὕπερθε
πόντός τ' Ὠκεανοῦ τε ῥοαὶ καὶ τάρταρα γαίης.
ποσσὶ δ' ὕπ' ἀθανάτοισι μέγας πελεμίζετ' Ὄλυμπος
ὀρνυμένοιο ἄνακτος· ἐπεστονάχιζε δὲ γαῖα.
καῦμα δ' ὑπ' ἀμφοτέρων κάτεχεν ἰοειδέα πόντον
βροντῆς τε στεροπῆς τε πυρός τ' ἀπὸ τοῖο πελώρου
πρηστήρων ἀνέμων τε κεραυνοῦ τε φλεγέθοντος·
ἔζεε δὲ χθὼν πᾶσα καὶ οὐρανὸς ἠδὲ θάλασσα·
θυῖε δ' ἄρ' ἀμφ' ἀκτὰς περί τ' ἀμφί τε κύματα μακρὰ
ῥιπῇ ὕπ' ἀθανάτων, ἔνοσις δ' ἄσβεστος ὀρώρει·
τρέε δ' Ἀίδης ἐνέροισι καταφθιμένοισιν ἀνάσσων
Τιτῆνές θ' ὑποταρτάριοι Κρόνον ἀμφὶς ἐόντες
ἀσβέστου κελάδοιο καὶ αἰνῆς δηιοτῆτος.
Ζεὺς δ' ἐπεὶ οὖν κόρθυνεν ἑὸν μένος, εἵλετο δ' ὅπλα,
βροντήν τε στεροπήν τε καὶ αἰθαλόεντα κεραυνόν,
πλῆξεν ἀπ' Οὐλύμποιο ἐπάλμενος· ἀμφὶ δὲ πάσας
ἔπρεσε θεσπεσίας κεφαλὰς δεινοῖο πελώρου.
αὐτὰρ ἐπεὶ δή μιν δάμασε πληγῇσιν ἱμάσσας,

di lingue nere vibranti; e dagli occhi
nelle terribili teste, sotto le ciglia, splendeva un ardore
[di fuoco;
da tutte le teste fuoco bruciava insieme allo sguardo
e voci s'alzavano da tutte le terribili teste,
che suoni d'ogni sorta emettevano, indicibili: ora infatti
risuonanti come solo agli dèi è comprensibile, ora invece
voce di toro superbo, alto muggente, dalla forza infrenabile;
ora ancora di leone dal cuore spietato;
ora poi somigliante alla voce di cani, meraviglia ad
[ascoltarsi;
ora infine fischiava e ne echeggiavano le grandi montagne.
E quel giorno si sarebbe compiuto un evento tremendo
e costui sarebbe divenuto signore dei mortali e degli
[immortali
se di ciò non si fosse subito accorto il padre degli uomini
[e degli dèi:
tuonò forte e terribile, e attorno la terra
tremendamente suonò, e il cielo ampio di sopra
e il mare e i flutti d'Oceano e il Tartaro della terra.
E tremò il grande Olimpo sotto i piedi immortali
del signore che si levava alla guerra; la terra gemeva.
Da una parte e dall'altra avvolgeva il mare viola la vampa
del tuono e del lampo e del fuoco del mostro,
dei venti infuocati e del fulmine ardente;
bolliva la terra tutta, e il cielo e il mare.
Onde grandi infuriavano intorno alle rive e dovunque
all'impeto degli immortali, e un tremore irrefrenabile sorse:
tremava Ade, signore dell'ombre dei morti,
e i Titani sotto la terra, che stanno intorno a Crono,
all'inestinguibile strepito e allo scontro tremendo.
Ma Zeus quand'ebbe raccolto la forza e prese le armi,
il tuono e il lampo e la folgore fiammeggiante,
colpì, balzando dall'Olimpo, e tutte
bruciò le terribili teste del mostro tremendo.
E quando quello fu vinto, raggiunto dai colpi

ἤριπε γυιωθείς, στονάχιζε δὲ γαῖα πελώρη·
φλὸξ δὲ κεραυνωθέντος ἀπέσσυτο τοῖο ἄνακτος
οὔρεος ἐν βήσσῃσιν †ἀιδνῆς παιπαλοέσσης
πληγέντος, πολλὴ δὲ πελώρη καίετο γαῖα
αὐτμῇ θεσπεσίῃ, καὶ ἐτήκετο κασσίτερος ὣς
τέχνῃ ὑπ' αἰζηῶν ἐν ἐυτρήτοις χοάνοισι
θαλφθείς, ἠὲ σίδηρος, ὅ περ κρατερώτατός ἐστιν,
οὔρεος ἐν βήσσῃσι δαμαζόμενος πυρὶ κηλέῳ
τήκεται ἐν χθονὶ δίῃ ὑφ' Ἡφαίστου παλάμῃσιν·
ὣς ἄρα τήκετο γαῖα σέλαι πυρὸς αἰθομένοιο.
ῥῖψε δέ μιν θυμῷ ἀκαχὼν ἐς τάρταρον εὐρύν.
ἐκ δὲ Τυφωέος ἔστ' ἀνέμων μένος ὑγρὸν ἀέντων,
νόσφι Νότου Βορέω τε καὶ ἀργεστέω Ζεφύροιο·
οἵ γε μὲν ἐκ θεόφιν γενεήν, θνητοῖς μέγ' ὄνειαρ.
αἱ δ' ἄλλαι μὰψ αὖραι ἐπιπνείουσι θάλασσαν·
αἳ δή τοι πίπτουσαι ἐς ἠεροειδέα πόντον,
πῆμα μέγα θνητοῖσι, κακῇ θυίουσιν ἀέλλῃ·
ἄλλοτε δ' ἄλλαι ἄεισι διασκιδνᾶσί τε νῆας
ναύτας τε φθείρουσι· κακοῦ δ' οὐ γίνεται ἀλκὴ
ἀνδράσιν, οἳ κείνῃσι συνάντωνται κατὰ πόντον.
αἱ δ' αὖ καὶ κατὰ γαῖαν ἀπείριτον ἀνθεμόεσσαν
ἔργ' ἐρατὰ φθείρουσι χαμαιγενέων ἀνθρώπων,
πιμπλεῖσαι κόνιός τε καὶ ἀργαλέου κολοσυρτοῦ.
αὐτὰρ ἐπεί ῥα πόνον μάκαρες θεοὶ ἐξετέλεσσαν,
Τιτήνεσσι δὲ τιμάων κρίναντο βίηφι,
δή ῥα τότ' ὤτρυνον βασιλευέμεν ἠδὲ ἀνάσσειν
Γαίης φραδμοσύνῃσιν Ὀλύμπιον εὐρύοπα Ζῆν
ἀθανάτων· ὁ δὲ τοῖσιν ἐὺ διεδάσσατο τιμάς.
Ζεὺς δὲ θεῶν βασιλεὺς πρώτην ἄλοχον θέτο Μῆτιν,
πλεῖστα θεῶν εἰδυῖαν ἰδὲ θνητῶν ἀνθρώπων.
ἀλλ' ὅτε δὴ ἄρ' ἔμελλε θεὰν γλαυκῶπιν Ἀθήνην
τέξεσθαι, τότ' ἔπειτα δόλῳ φρένας ἐξαπατήσας
αἱμυλίοισι λόγοισιν ἑὴν ἐσκάτθετο νηδύν,

e ferito crollò, gemeva la terra prodigiosa:
una fiamma scaturì via dal fulminato signore
negli oscuri recessi dell'erto monte
colpito; per grande estensione, prodigiosa, bruciava la terra
al vapore tremendo, e fondeva come stagno,
per l'arte di uomini giovani, dal perforato crogiuolo
dove è stato scaldato, oppure come ferro, il più forte,
nei recessi del monte, domato dal fuoco che arde
si liquefà nella terra divina sotto le mani di Efesto;
così dunque si scioglieva la terra alla vampa del fuoco splendente;
e lo gettò, irato nel cuore, nel Tartaro ampio.
Da Tifeo viene l'umida forza dei venti spiranti,
all'infuori di Noto Borea e Zefiro splendente:
questi da dèi traggono l'origine e per gli uomini sono un grande vantaggio.
Gli altri senza vantaggio soffian sul mare,
alcuni abbattendosi sul mare caliginoso,
gran danno per gli uomini, infuriano con cattiva tempesta;
di qua e di là vanno soffiando e disperdon le navi
e uccidono i naviganti; a questo male non esiste difesa
per gli uomini che si imbattono in quelli sul mare;
altri poi sulla terra infinita, fiorente,
distruggono le amate fatiche degli uomini nati dalla terra,
tutto riempiendo di polvere e di dannoso tumulto.
Così, dopo che gli dèi beati ebbero compiuto la loro fatica
e coi Titani conclusa di forza la loro disputa d'onore,
allora invitarono a prendere il trono e il comando,
per i consigli di Gaia, l'olimpio Zeus dall'ampio sguardo
sugli immortali, e lui distribuì a loro gli onori.
Zeus, re degli dèi, per prima prese in sposa Meti,
che sa più di tutti gli dèi e degli uomini mortali.
Ma quando costei la dea glaucopide Atena fu sul punto
di partorire, allora ingannando il suo cuore
con parole astute, la inghiottì nel suo ventre

Γαίης φραδμοσύνῃσι καὶ Οὐρανοῦ ἀστερόεντος·
τὼς γάρ οἱ φρασάτην, ἵνα μὴ βασιληίδα τιμὴν
ἄλλος ἔχοι Διὸς ἀντὶ θεῶν αἰειγενετάων.
ἐκ γὰρ τῆς εἵμαρτο περίφρονα τέκνα γενέσθαι·
πρώτην μὲν κούρην γλαυκώπιδα Τριτογένειαν,
ἶσον ἔχουσαν πατρὶ μένος καὶ ἐπίφρονα βουλήν,
αὐτὰρ ἔπειτ' ἄρα παῖδα θεῶν βασιλῆα καὶ ἀνδρῶν
ἤμελλεν τέξεσθαι, ὑπέρβιον ἦτορ ἔχοντα·
ἀλλ' ἄρα μιν Ζεὺς πρόσθεν ἑὴν ἐσκάτθετο νηδύν,
ὥς οἱ συμφράσσαιτο θεὰ ἀγαθόν τε κακόν τε.
δεύτερον ἠγάγετο λιπαρὴν Θέμιν, ἣ τέκεν Ὥρας,
Εὐνομίην τε Δίκην τε καὶ Εἰρήνην τεθαλυῖαν,
αἵ τ' ἔργ' ὠρεύουσι καταθνητοῖσι βροτοῖσι,
Μοίρας θ', ἧς πλείστην τιμὴν πόρε μητίετα Ζεύς,
Κλωθώ τε Λάχεσίν τε καὶ Ἄτροπον, αἵ τε διδοῦσι
θνητοῖς ἀνθρώποισιν ἔχειν ἀγαθόν τε κακόν τε.
τρεῖς δέ οἱ Εὐρυνόμη Χάριτας τέκε καλλιπαρῄους,
Ὠκεανοῦ κούρη πολυήρατον εἶδος ἔχουσα,
Ἀγλαΐην τε καὶ Εὐφροσύνην Θαλίην τ' ἐρατεινήν·
τῶν καὶ ἀπὸ βλεφάρων ἔρος εἴβετο δερκομενάων
λυσιμελής· καλὸν δέ θ' ὑπ' ὀφρύσι δερκιόωνται.
αὐτὰρ ὁ Δήμητρος πολυφόρβης ἐς λέχος ἦλθεν·
ἣ τέκε Περσεφόνην λευκώλενον, ἣν Ἀιδωνεὺς
ἥρπασεν ἧς παρὰ μητρός, ἔδωκε δὲ μητίετα Ζεύς.
Μνημοσύνης δ' ἐξαῦτις ἐράσσατο καλλικόμοιο,
ἐξ ἧς οἱ Μοῦσαι χρυσάμπυκες ἐξεγένοντο
ἐννέα, τῇσιν ἅδον θαλίαι καὶ τέρψις ἀοιδῆς.
Λητὼ δ' Ἀπόλλωνα καὶ Ἄρτεμιν ἰοχέαιραν
ἱμερόεντα γόνον περὶ πάντων Οὐρανιώνων
γείνατ' ἄρ' αἰγιόχοιο Διὸς φιλότητι μιγεῖσα.
λοισθοτάτην δ' Ἥρην θαλερὴν ποιήσατ' ἄκοιτιν·
ἡ δ' Ἥβην καὶ Ἄρηα καὶ Εἰλείθυιαν ἔτικτε

dietro i consigli di Gaia e di Urano stellato.
Così ambedue l'avevano consigliato perché il regale potere
nessun altro avesse, al posto di Zeus, fra gli dèi sempre
[esistenti;
da essa infatti era fatale che nascesse una prole assai
[saggia:
per prima la fanciulla glaucopide Tritogenea,
dotata di forza uguale a quella del padre e di saggio volere,
poi un figlio, re degli dèi e degli uomini,
partorire doveva, dal cuore violento;
ma prima Zeus la inghiottì nel suo ventre
affinché la dea potesse consigliarlo sul bene e sul male.
Per seconda poi sposò la splendida Temi, che fu madre
[dell'Ore,
Eunomie, Dike e Eirene fiorente,
che vegliano sull'opera degli uomini mortali;
e le Moire, a cui grandissimo onore diede Zeus prudente,
Cloto, Lachesi e Atropo, le quali concedono
agli uomini mortali di avere il bene ed il male.
A lui partorì le tre Cariti dalle belle guance Eurinome
figlia d'Oceano, che ha gradevole aspetto,
Aglaia e Eufrosine e Talie, l'amabile;
attraverso alle ciglia di loro spirava, insieme allo sguardo,
l'amore che scioglie le membra perché bello è il loro
[sguardo sotto le ciglia.
Poi ascese il talamo di Demetra, generosa nutrice,
che partorì Persefone dalle bianche braccia; Adoneo costei
rapì da sua madre: a lui la concesse Zeus prudente.
Poi amò Mnemosine dalle belle chiome
dalla quale nacquero le Muse dall'aureo diadema,
nove, che traggon diletto da feste e dalla gioia del canto.
Leto generò Apollo e Artemide arciera,
bellissima prole fra tutta la stirpe di Urano,
all'egioco Zeus unita in amore.
Per ultima Era fiorente egli fece sua sposa,
che Ebe e Ares e Eiletuia partorì,

μιχθεῖσ' ἐν φιλότητι θεῶν βασιλῆι καὶ ἀνδρῶν.
αὐτὸς δ' ἐκ κεφαλῆς γλαυκώπιδα γείνατ' Ἀθήνην,
δεινὴν ἐγρεκύδοιμον ἀγέστρατον ἀτρυτώνην,
πότνιαν, ᾗ κέλαδοί τε ἅδον πόλεμοί τε μάχαι τε·
Ἥρη δ' Ἥφαιστον κλυτὸν οὐ φιλότητι μιγεῖσα
γείνατο, καὶ ζαμένησε καὶ ἤρισεν ᾧ παρακοίτῃ,
ἐκ πάντων τέχνῃσι κεκασμένον Οὐρανιώνων.
ἐκ δ' Ἀμφιτρίτης καὶ ἐρικτύπου Ἐννοσιγαίου
Τρίτων εὐρυβίης γένετο μέγας, ὅς τε θαλάσσης
πυθμέν' ἔχων παρὰ μητρὶ φίλῃ καὶ πατρὶ ἄνακτι
ναίει χρύσεα δῶ, δεινὸς θεός. αὐτὰρ Ἄρηι
ῥινοτόρῳ Κυθέρεια Φόβον καὶ Δεῖμον ἔτικτε,
δεινούς, οἵ τ' ἀνδρῶν πυκινὰς κλονέουσι φάλαγγας
ἐν πολέμῳ κρυόεντι σὺν Ἄρηι πτολιπόρθῳ,
Ἁρμονίην θ', ἣν Κάδμος ὑπέρθυμος θέτ' ἄκοιτιν.
Ζηνὶ δ' ἄρ' Ἀτλαντὶς Μαίη τέκε κύδιμον Ἑρμῆν,
κήρυκ' ἀθανάτων, ἱερὸν λέχος εἰσαναβᾶσα.
Καδμηὶς δ' ἄρα οἱ Σεμέλη τέκε φαίδιμον υἱὸν
μιχθεῖσ' ἐν φιλότητι, Διώνυσον πολυγηθέα,
ἀθάνατον θνητή· νῦν δ' ἀμφότεροι θεοί εἰσιν.
Ἀλκμήνη δ' ἄρ' ἔτικτε βίην Ἡρακληείην
μιχθεῖσ' ἐν φιλότητι Διὸς νεφεληγερέταο.
Ἀγλαΐην δ' Ἥφαιστος ἀγακλυτὸς ἀμφιγυήεις
ὁπλοτάτην Χαρίτων θαλερὴν ποιήσατ' ἄκοιτιν.
χρυσοκόμης δὲ Διώνυσος ξανθὴν Ἀριάδνην,
κούρην Μίνωος, θαλερὴν ποιήσατ' ἄκοιτιν·
τὴν δέ οἱ ἀθάνατον καὶ ἀγήρων θῆκε Κρονίων.
Ἥβην δ' Ἀλκμήνης καλλισφύρου ἄλκιμος υἱός,
ἲς Ἡρακλῆος, τελέσας στονόεντας ἀέθλους,
παῖδα Διὸς μεγάλοιο καὶ Ἥρης χρυσοπεδίλου,
αἰδοίην θέτ' ἄκοιτιν ἐν Οὐλύμπῳ νιφόεντι·
ὄλβιος, ὃς μέγα ἔργον ἐν ἀθανάτοισιν ἀνύσσας
ναίει ἀπήμαντος καὶ ἀγήραος ἤματα πάντα.

unita in amore al re degli dèi e dei mortali.
Egli dalla sua testa generò la glaucopide Atena,
tremenda eccitatrice di tumulti, guida invitta di eserciti,
signora, che ama i clamori e guerre e battaglie;
Era, senza unirsi in amore ad alcuno, Efesto illustre
generò, perché da ira fu presa e contese contro lo sposo,
lui che è valente nelle arti fra tutta la stirpe di Urano.
Da Anfitrite e da Ennosigeo che tuona profondo
nacque Tritone vigoroso e grande che del mare
il fondo abitando presso la madre e il padre signore
ha aurea dimora, terribile dio, mentre ad Ares
che rompe gli scudi Citerea partorì Fobo e Deimo,
terribili, che agitano le folte schiere degli uomini
nella guerra paurosa con Ares distruttore di città,
e Armonia che Cadmo superbo fece sua sposa.
A Zeus l'atlantide Maia generò Ermes illustre,
nunzio degli immortali, asceso il suo sacro talamo.
A Zeus la cadmeia Semele generò un figlio illustre,
unitasi a lui in amore, Dioniso ricco di gioia,
immortale essa mortale; ora ambedue sono dèi.
Alcmena generò Eracle forte
unita in amore a Zeus adunatore di nubi.
Efesto, l'illustre Anfigiee, Aglaia,
l'ultima delle Cariti, la fece sua sposa fiorente.
Dioniso dalle chiome d'oro la fulva Arianna,
figlia di Minos, la fece sua sposa fiorente,
lei che il dio figlio di Crono fece immortale e ognor giovane.
Ebe, il figlio possente di Alcmena dalle belle caviglie,
Eracle vigoroso, compiute le dolorose fatiche,
lei che era figlia di Zeus grande e di Era dagli aurei calzari,
la fece sua casta sposa nell'Olimpo nevoso,
beato, che, la grande impresa compiuta, fra gli immortali
ha dimora, privo di pene e ognor giovane, sempre.

Ἠελίῳ δ' ἀκάμαντι τέκε κλυτὸς Ὠκεανίνη
Περσηὶς Κίρκην τε καὶ Αἰήτην βασιλῆα.
Αἰήτης δ' υἱὸς φαεσιμβρότου Ἠελίοιο
κούρην Ὠκεανοῖο τελήεντος ποταμοῖο
γῆμε θεῶν βουλῇσιν, Ἰδυῖαν καλλιπάρηον·
ἣ δή οἱ Μήδειαν ἐύσφυρον ἐν φιλότητι
γείναθ' ὑποδμηθεῖσα διὰ χρυσῆν Ἀφροδίτην.
ὑμεῖς μὲν νῦν χαίρετ', Ὀλύμπια δώματ' ἔχοντες,
νῆσοί τ' ἤπειροί τε καὶ ἁλμυρὸς ἔνδοθι πόντος·
νῦν δὲ θεάων φῦλον ἀείσατε, ἡδυέπειαι
Μοῦσαι Ὀλυμπιάδες, κοῦραι Διὸς αἰγιόχοιο,
ὅσσαι δὴ θνητοῖσι παρ' ἀνδράσιν εὐνηθεῖσαι
ἀθάναται γείναντο θεοῖς ἐπιείκελα τέκνα.
Δημήτηρ μὲν Πλοῦτον ἐγείνατο δῖα θεάων,
Ἰασίῳ ἥρωι μιγεῖσ' ἐρατῇ φιλότητι
νειῷ ἔνι τριπόλῳ, Κρήτης ἐν πίονι δήμῳ,
ἐσθλόν, ὃς εἶσ' ἐπὶ γῆν τε καὶ εὐρέα νῶτα θαλάσσης
πᾶσαν· τῷ δὲ τυχόντι καὶ οὗ κ' ἐς χεῖρας ἵκηται,
τὸν δὴ ἀφνειὸν ἔθηκε, πολὺν δέ οἱ ὤπασεν ὄλβον.
Κάδμῳ δ' Ἁρμονίη, θυγάτηρ χρυσῆς Ἀφροδίτης,
Ἰνὼ καὶ Σεμέλην καὶ Ἀγαυὴν καλλιπάρηον
Αὐτονόην θ', ἣν γῆμεν Ἀρισταῖος βαθυχαίτης,
γείνατο καὶ Πολύδωρον ἐυστεφάνῳ ἐνὶ Θήβῃ.
κούρη δ' Ὠκεανοῦ Χρυσάορι καρτεροθύμῳ
μιχθεῖσ' ἐν φιλότητι πολυχρύσου Ἀφροδίτης
Καλλιρόη τέκε παῖδα βροτῶν κάρτιστον ἁπάντων,
Γηρυονέα, τὸν κτεῖνε βίη Ἡρακληείη
βοῶν ἕνεκ' εἰλιπόδων ἀμφιρρύτῳ εἰν Ἐρυθείῃ.
Τιθωνῷ δ' Ἠὼς τέκε Μέμνονα χαλκοκορυστήν,
Αἰθιόπων βασιλῆα, καὶ Ἠμαθίωνα ἄνακτα.
αὐτάρ τοι Κεφάλῳ φιτύσατο φαίδιμον υἱόν,
ἴφθιμον Φαέθοντα, θεοῖς ἐπιείκελον ἄνδρα·
τόν ῥα νέον τέρεν ἄνθος ἔχοντ' ἐρικυδέος ἥβης

A Sole infaticabile l'illustre oceanina
Perseis partorì Circe e Aiete sovrano.
Aiete, figlio di Sole che gli uomini illumina,
la figlia di Oceano, fiume perfetto,
sposò, per il volere degli dèi, Iduia dalle belle guance;
costei a lui in amore Medea dalle belle caviglie
generò, domata dall'aurea Afrodite.
E ora a voi salve, che abitate le case d'Olimpo,
isole e continenti e salso mare che è steso fra voi.
Ora delle dee la stirpe narrate, dolci nel canto
Muse d'Olimpo, figlie di Zeus egioco,
quelle che, giaciute con mortali,
loro immortali, generarono figli simili a dèi.
Demetra, divina fra le dee, generò Pluto,
a Giasone eroe unita nell'amore desiderato
in un maggese tre volte arato, nel ricco paese di Creta,
lui benevolo che sulla terra tutta e sul vasto dorso del mare
colui che egli incontra per caso e in cui si imbatte
lo fa ricco e lo adorna di molta opulenza.
A Cadmo Armonia, figlia dell'aurea Afrodite, generò
Ino e Semele e Agave dalle belle guance,
e Autonome, che fu sposa di Aristeo dalle alte chiome,
e anche Polidoro generò, in Tebe dalle belle corone.
La figlia d'Oceano, a Crisaore dal cuore violento
unita in amore per l'aurea Afrodite,
Calliroe, generò un figlio, di tutti i mortali il più forte,
Gerione, ucciso da Eracle forte
a causa dei buoi dal torto piede in Eritea battuta dai flutti.
A Titono Aurora partorì Memnone armato di bronzo,
re degli Etiopi, e il sire Ematione;
poi a Cefalo generò un figlio glorioso,
il possente Fetonte, uomo in tutto simile agli dèi;
lui ancora giovane, che aveva il tenero fiore della splendida
[giovinezza,

παῖδ' ἀταλὰ φρονέοντα φιλομμειδὴς Ἀφροδίτη
ὦρτ' ἀνερειψαμένη, καί μιν ζαθέοις ἐνὶ νηοῖς
νηοπόλον μύχιον ποιήσατο, δαίμονα δῖον.
κούρην δ' Αἰήταο διοτρεφέος βασιλῆος
Αἰσονίδης βουλῇσι θεῶν αἰειγενετάων
ἦγε παρ' Αἰήτεω, τελέσας στονόεντας ἀέθλους,
τοὺς πολλοὺς ἐπέτελλε μέγας βασιλεὺς ὑπερήνωρ,
ὑβριστὴς Πελίης καὶ ἀτάσθαλος ὀβριμοεργός·
τοὺς τελέσας ἐς Ἰωλκὸν ἀφίκετο πολλὰ μογήσας
ὠκείης ἐπὶ νηὸς ἄγων ἑλικώπιδα κούρην
Αἰσονίδης, καί μιν θαλερὴν ποιήσατ' ἄκοιτιν.
καί ῥ' ἥ γε δμηθεῖσ' ὑπ' Ἰήσονι ποιμένι λαῶν
Μήδειον τέκε παῖδα, τὸν οὔρεσιν ἔτρεφε Χείρων
Φιλλυρίδης· μεγάλου δὲ Διὸς νόος ἐξετελεῖτο.
αὐτὰρ Νηρῆος κοῦραι ἁλίοιο γέροντος,
ἤτοι μὲν Φῶκον Ψαμάθη τέκε δῖα θεάων
Αἰακοῦ ἐν φιλότητι διὰ χρυσῆν Ἀφροδίτην·
Πηλεῖ δὲ δμηθεῖσα θεὰ Θέτις ἀργυρόπεζα
γείνατ' Ἀχιλλῆα ῥηξήνορα θυμολέοντα.
Αἰνείαν δ' ἄρ' ἔτικτεν ἐυστέφανος Κυθέρεια,
Ἀγχίσῃ ἥρωι μιγεῖσ' ἐρατῇ φιλότητι
Ἴδης ἐν κορυφῇσι πολυπτύχου ἠνεμοέσσης.
Κίρκη δ' Ἠελίου θυγάτηρ Ὑπεριονίδαο
γείνατ' Ὀδυσσῆος ταλασίφρονος ἐν φιλότητι
Ἄγριον ἠδὲ Λατῖνον ἀμύμονά τε κρατερόν τε·
[Τηλέγονον δὲ ἔτικτε διὰ χρυσῆν Ἀφροδίτην·]
οἳ δή τοι μάλα τῆλε μυχῷ νήσων ἱεράων
πᾶσιν Τυρσηνοῖσιν ἀγακλειτοῖσιν ἄνασσον.
Ναυσίθοον δ' Ὀδυσῆι Καλυψὼ δῖα θεάων
γείνατο Ναυσίνοόν τε μιγεῖσ' ἐρατῇ φιλότητι.
αὗται μὲν θνητοῖσι παρ' ἀνδράσιν εὐνηθεῖσαι
ἀθάναται γείναντο θεοῖς ἐπιείκελα τέκνα.
[νῦν δὲ γυναικῶν φῦλον ἀείσατε, ἡδυέπειαι
Μοῦσαι Ὀλυμπιάδες, κοῦραι Διὸς αἰγιόχοιο.]

fanciullo, con pensieri da giovane in cuore, Afrodite amica
[del riso
rapitolo fuggì e nel suo tempio divino
custodia notturna lo pose, genio divino.
La figlia di Aiete, re rampollo di Zeus,
il figlio di Esone, per volontà degli dèi che sempre sono,
la condusse via da Aiete, dopo aver compiuto dolorose
[fatiche
che, in gran numero, gli comandava un grande re
[tracotante,
il superbo Pelie, violento e brutale;
compiute queste giunse a Iolco, avendo molto sofferto,
sulla nave veloce portando la fanciulla dagli occhi belli,
lui, figlio di Esone, e la fece sua sposa fiorente;
ed essa unitasi a Giasone, pastore di genti,
generò il figlio Medeio, che sulle montagne nutrì Chirone,
figlio di Filiride; e del grande Zeus si compì il disegno.
Poi, delle figlie di Nereo, il vecchio del mare,
Psamate, divina fra le dee, generò Foco,
in amore con Eaco per l'aurea Afrodite;
unitasi a Peleo la dea Teti dai piedi d'argento
generò Achille, che rompe le schiere, dal cuore di leone.
Citerea dalle belle corone generò Enea,
unita all'eroe Anchise nell'amore desiderato,
sulle cime di Ida dai molti anfratti, selvoso.
E Circe, figlia di Sole, stirpe di Iperione,
generò nell'amore di Odisseo, dal cuore che sopporta,
Agrio e Latino, senza biasimo e forte;
e poi generò Telegono per l'aurea Afrodite;
quelli molto lontano, in mezzo ad isole sacre,
regnavano su tutti gli illustri Tirreni.
Calipso, divina fra le dee, Nausitoo a Odisseo
generò, e Nausinoo, unita nell'amore desiderato.
Queste, presso uomini mortali giacendo,
generarono figli in tutto simili a dèi.
Ora cantate la stirpe delle donne, o dolci nel canto,
Muse d'Olimpo, figlie di Zeus egioco.

COMMENTO E NOTE AL TESTO

Il proemio (vv. 1-115). A questo lungo brano che costituisce il proemio della *Teogonia* e che ha come tema le Muse, dal tempo di un memorabile articolo di P. Friedlaender del 1914 (*Das Proömium von Hesiods Theogonie*, pubblicato dapprima nella rivista «Hermes» vol. 49, pp. 1-16 e poi ristampato nella raccolta di saggi esiodei per cura di E. Heitsch, *Hesiod*, Wege der Forschung vol. 44 Darmstadt 1966, pp. 277-294) sono stati riconosciuti alcuni tratti caratteristici, formali e di contenuto, di quel genere di letteratura che viene chiamata «inni» che noi conosciamo abbastanza bene dalla raccolta che ci è stata tramandata sotto il titolo di «inni omerici», tratti che si riscontrano soprattutto nella seconda parte, dal v. 35 in poi. Così il proponimento espresso al v. 36 (Μουσάων ἀρχώμεθα) a cui segue un'indicazione di quello che le Muse abitualmente sono e fanno, legata a quanto precede da un relativo (τάν) ha per es. paralleli significativi nell'inno omerico ad Apollo (v. 2 sgg.) o in quello a Demetra (v. 2 sgg.) o in quello ad Asclepio (v. 2 sg.). Analogamente il racconto della nascita delle Muse ai vv. 53 sgg. ha i suoi paralleli nell'inno omerico ad Ermes (v. 3 sgg.). Insieme alla rilevazione di questi e di altri inequivocabili tratti innodici del proemio della *Teog.*, Friedlaender proponeva una soluzione, che a tutt'oggi appare ancora la più persuasiva, del fatto che questo proemio sembra essere doppio, con una prima parte (vv. 1-34) che, come la seconda (vv. 35-103), inizia con il proponimento di incominciare il canto con le Muse; ambedue con una conclusione (rispett. vv. 33-34 e 104-115) che sembra introdurre il poema vero e proprio. Di questa circostanza Friedlaender ha proposto una spiegazione che è anche in perfetta armonia con uno dei tratti più caratteristici di tutta la poesia esiodea in generale e di questo proemio della *Teog.* in particolare, cioè la tendenza a inserire elementi di grossa novità in un contesto di pensiero e di forme espressive fortemente tradizionali. Nel caso presente la novità è il fatto che nel proemio — che tradizionalmente non ne prevedeva la presenza — Esiodo doveva inserire il racconto della sua esperienza personale dell'incontro con le Muse e, proprio per la forza della tradizione, non sa fare in maniera diversa che aggiungere una parte — appunto i vv. 1-34 — atteggiata anch'essa come un proemio data la sua posizione all'inizio del poema. Ciò, fra le altre cose, spiega perfettamente una circostanza a prima vista sconcertante, e cioè che, mentre la prima parte del proemio, quella appunto destinata a contenere la narrazione dell'incontro del poeta con le Muse sul monte Elicone, si rivolge a queste divinità con l'appellativo di eliconie e ne descrive i canti e le danze su questo monte, la seconda parte celebra invece le Muse come olimpie dal luogo della loro abituale dimora.

Di fronte alla semplicità con cui all'inizio dell'*Iliade* e dell'*Odissea* si stabilisce il rapporto fra il poeta e la Musa ispiratrice per mezzo di un invito alla divinità ad assistere il poeta nella sua opera, colpisce la complessità del proemio della *Teog.*, soprattutto se lo mettiamo a confronto con altre invocazioni alle Muse che troviamo nel poema (cfr. per es. vv. 965 sgg. e 1021 sg.) e che seguono invece lo schema tradizionale consistente appunto in una breve invocazione di aiuto. Si dice che nel caso della *Teog.* avremmo un esempio, l'unico a noi pervenuto, della sequenza normale con cui nell'antichità si presentava il canto di un poeta epico: prima il proemio, dedicato ad una divinità ed atteggiantesi alla maniera di un inno, e poi il poema vero e proprio (cfr. F. Cassola, *Inni Omerici*, Milano 1975, pp. XX sg.). In altri termini, mentre nella raccolta degli inni omerici avremmo un *corpus* di proemi che venivano utilizzati per fungere da introduzione alle recitazioni epiche, però presi di per sé — e la cosa era possibile in quanto non era presupposto alcun legame organico fra il proemio e il canto che doveva seguirlo — nel caso della *Teog.* il proemio e il canto destinato a seguirlo ci sono stati trasmessi congiuntamente. Ma è evidente che nel caso della *Teog.* questa connessione non è casuale e proprio qui sta il problema: se Esiodo ha composto un poema nel quale il proemio è connesso al resto dell'opera così strettamente che la tradizione ce li ha conservati uniti, a differenza di quanto è accaduto per altri proemi e poemi — come per es. l'*Iliade* e l'*Odissea* da una parte e gli inni omerici dall'altra — bisognerà pensare che qualche motivo è intervenuto a far sì che le sorti della *Teog.* e del suo proemio siano state diverse. Abbiamo detto infatti che la *Teog.* e il suo proemio sono strettamente uniti, ma in che senso? Nel senso, io direi, che il proemio, con il racconto dell'epifania delle Muse, costituisce la garanzia del carattere di veridicità del contenuto del poema, e quindi non aveva nessuna possibilità di essere conservato separatamente da quel preciso e determinato poema in quanto troppo funzionalizzato ad esso, e d'altra parte il poema, privato del suo proemio, sarebbe venuto a perdere una parte troppo caratterizzante e in fin dei conti indispensabile alla sua valutazione. Pertanto, e per concludere, se la tradizione aedica era tale che prevedeva all'inizio di una rapsodia la recitazione di un inno qualsivoglia ad una divinità, Esiodo questa tradizione la muta e la rinnova dando al proemio un nuovo significato e una nuova funzionalità.

1. *Muse eliconie:* sono ovviamente le medesime divinità che poco sotto, sempre nello stesso proemio, sono dette olimpie (v. 25).

2. *Elicone:* monte della Beozia sul quale Esiodo narra essere avvenuto il suo incontro notturno con le Muse.

5-6. *Permesso, Ippocrene, Olmeio:* fiumi e fonte non identificati.

7. Il passaggio dal tempo presente dei primi versi ai preteriti di questo e dei versi seguenti sta a segnare la transizione dal racconto degli atti abituali delle Muse e del loro usuale modo di essere – su cui vertono appunto i primi versi – alla narrazione dell'incontro col poeta nei vv. 22 sgg. che è cosa eccezionale avvenuta una sola volta.

11. Il contenuto del canto delle Muse presenta qualche problema per l'ordine secondo il quale le divinità sono elencate: si incomincia con gli dèi olimpi, quindi dell'ultima generazione (vv. 11-15), per procedere a ritroso con due divinità, come Temi e Afrodite (v. 16) che, pur appartenendo alla generazione dei Titani (per Temi cfr. v. 135 e per Afrodite vv. 190 sgg.), sono in qualche modo assunte nel mondo degli dèi olimpi, l'una perché sposa di Zeus (v. 901) l'altra, Afrodite, probabilmente perché il ruolo che essa esercita nella generazione degli dèi tutti non permetteva un suo confinamento nel regno dei Titani; seguono poi Ebe e Dione la cui presenza a questo punto non è facile da spiegare, a meno che, come suppone West (comm. ad loc.), ciò non sia dovuto alla loro connessione con Afrodite attestata nella poesia omerica (cfr. inno ad Apollo v. 195 per Ebe; riguardo a Dione essa in Omero è madre di Afrodite); infine i Titani (v. 18) con la loro prole (v. 19); e per ultime le divinità originarie, Gaia, Oceano, Notte. Il motivo di questa disposizione inversa del contenuto del canto delle Muse è da vedersi con tutta probabilità nel fatto che esse inneggiano a

Zeus per primo (cfr. v. 48 a torto, anche per questo motivo, espunto da molti studiosi).

22 sgg. I modi di questo incontro di Esiodo con le Muse sono stati oggetto di discussione presso la critica: una vera e propria visione? Una convenzione letteraria? Una maniera di esprimere secondo moduli consueti il sorgere di un'idea e di una ispirazione? (per differenti posizioni cfr. K. Latte, *Hesiods Dichterweihe*, in *Kleine Schriften*, München 1968, pp. 60 sgg.; E.R. Dodds, *I Greci e l'irrazionale*, trad. ital. Firenze 1973, pp. 148 sgg.; Fr. Dornseiff, *Antike und alter Orient*, 2. Aufl. Leipzig 1959, pp. 37 sg.; H. Schwabl, *Zur Theogonie des Hesiod*, «Gymnasium» 62 [1955] p. 533 sgg.). Mentre ogni discussione sul reale svolgimento dei fatti interessa più la psicologia religiosa che la storia della letteratura, qualche significato può rivestire l'ipotesi che Esiodo qui adotti quel tipico modulo omerico consistente nel dare la forma di dialogo a riflessioni e pensieri che un personaggio svolge in se stesso (cfr. J. Russo e B. Simon, *Psicologia omerica e tradizione epica orale*, in QUCC 12 [1971] pp. 40 sgg.). Certo, quale che sia il grado di convenzionalità e di tradizionalità dell'idea fondamentale dell'incontro con le Muse, Esiodo, all'interno di questa tradizionalità, appare operare delle profonde e rivoluzionarie innovazioni. Prima di tutto, per quanto riguarda il tipo di rapporto che si instaura fra il poeta e la divinità ispiratrice: non si ha più a che fare con quel genere di assistenza semplice e ingenua che il poeta richiede di volta in volta alla divinità e che questa gli concede non si capisce bene sulla base e in nome di quale privilegio, ché per Omero sembra che i poeti abbiano *naturaliter* diritto a questa assistenza. Con Esiodo le cose si fanno più serie e complesse: prima le dee operano la trasformazione e mutano un uomo qualunque, un «solo ventre», in un poeta; poi, una volta per tutte, gli concedono la facoltà del canto (αὐδήν) liberando con ciò il loro tipo di rapporto col poeta da una componente di meccanicità che caratterizzava la perpetua e ripetentesi disponibilità a sopperire alle richieste del cantore. In secondo luogo si impone il problema della veridicità del canto.

È noto che per le concezioni della poetica greca arcaica, l'unico pregio che la poesia ha è quello di essere veridica (solo in Esiodo, ma mai in Omero, compare fuggevolmente il concetto che la poesia può essere dotata anche dei non ben precisati doni delle Grazie, come si ricava dal v. 64 del nostro poema). Però se Esiodo accettava la visione tradizionale per cui ogni poeta poteva presumere — grazie all'assistenza delle Muse — al carattere veridico della propria poesia, non aveva alcun mezzo per proclamare la superiorità della sua rispetto a quella di tutti gli altri. Perciò, ecco la differenza fra il tipo della sua ispirazione divina e quello degli altri, la garanzia che egli è e sarà in possesso della verità — che è il significato delle parole delle Muse nei vv. 26-28 — a differenza degli altri poeti che invece possono cadere vittime dell'errore. Ma anche questa grossa novità le Muse non potevano comunicargliela che in un incontro e in un confronto che andasse ben al di là dei termini convenzionali e evanescenti in cui era limitato il rapporto fra il poeta e la sua divinità secondo la tradizione che l'epica aveva codificato.

Infine, un'altra significativa novità è costituita dal contenuto del v. 33. «Canta, o Musa» diceva Omero in una specie di ordine-invito che tradiva la sostanziale mancanza di reverenza nei confronti della divinità, mancanza appena attenuata dalla convenzionalità dell'espressione. Qui in Esiodo i ruoli sono reintegrati nella loro gerarchia e non è più il poeta che rivolge una richiesta alle Muse, ma sono queste che gli trasmettono un ordine di cantare, come si conviene. Ma le novità, in questo proemio, si affiancano e convivono con la tradizione e così, nella parte più specialmente nuova, quella che narra appunto l'incontro con le Muse, sono le dee che impartiscono al poeta l'ordine del canto e il tema di quello; altrove invece, dove la forza della tradizione si fa maggiormente sentire, come nei vv. 104-115, il poeta torna, nel rivolgersi alle dee, ai toni usati e consacrati dalla tradizione.

35. Si tratta di un'espressione che ha il sapore del proverbio il cui senso preciso però è per noi impossibile a recuperarsi, usata qui, almeno sembra, per interrompere la narrazione fin qui fatta e per venire al tema vero e proprio del poema.

43 sgg. Il contenuto del canto col quale le Muse rallegrano la mente di Zeus è il medesimo di quello che esse levavano sull'Elicone al momento dell'incontro con Esiodo, cioè la stirpe degli dèi (cfr. vv. 10 sgg.); ciò significa la garanzia della veridicità dell'insegnamento impartito a Esiodo.

48. Il verso è stato sospettato come non autentico, con tutta probabilità a torto. Il parallelismo particolare con il v. 34 è un argomento a favore dell'autenticità la cui importanza difficilmente può essere sottovalutata: come il poeta per ordine delle Muse canta la stirpe degli dèi e con le Muse inizia e finisce il suo canto, così le Muse, che a Zeus cantano le medesime cose, iniziano e finiscono col padre degli dèi.

D'altronde le difficoltà costituite: a) dall'apparente contraddizione col v. 47; b) dagli imbarazzi che provoca la scansione, non sono insuperabili. La prima a ben guardare non ha consistenza in quanto Esiodo vuol semplicemente dire che, mentre nel canto teogonico, che segue necessariamente le generazioni degli dèi nell'ordine in cui si sono succedute, dopo le divinità primigenie e quelle che da queste furono direttamente generate (vv. 45 sg.), cioè i Titani, le Muse cantano al secondo posto i Cronidi, e quindi Zeus, il medesimo Zeus però viene celebrato alla fine e all'inizio del canto, cioè nel proemio e nella chiusa, in quanto rappresenta la divinità più importante; nulla di più; e le due cose non sono assolutamente in contraddizione. Per quanto riguarda poi la seconda difficoltà, scandendo come una sillaba unica le prime tre vocali di ἀοιδῆς si supera ogni imbarazzo; un caso analogo di sinizesi lo si ha in *Op.* 647 con la parola βούλεαι conservata da quasi tutta la tradizione.

55. Il contrasto, sottolineato dall'assonanza Μνημοσύνη-λησμοσύνη è sapientemente impreziosito mediante l'omissione di un importante elemento, che resta sottinteso, relativo alle Muse: Mnemosine, dea della memoria, genera le Muse che, tradizionalmente, espletano la funzione di rammentare al poeta i temi del suo canto (elemento omesso) il quale canto ha il potere di far dimenticare i dolori. Per la medesima concezione della poesia cfr. sotto vv. 98 sgg.

60. Il numero nove per le Muse compare precedentemente solo in *Od.* 24, 60, quindi in un contesto recente, mentre in tutti gli altri luoghi si parla genericamente di Musa al singolare o di Muse al plurale senza precisazioni.

77 sgg. I nomi delle nove Muse appaiono tutti «parlanti»: «Clio fa sì che il canto... dia la gloria...; Euterpe, che il canto allieti colui che l'ascolta...; Talia unisce la poesia alla festività, Melpomene e Tersicore la collegano alla musica e alla danza; Erato suscita negli uomini il desiderio di poesia; Polimnia crea il ricco avvicendamento dei ritmi; Urania eleva il canto al di sopra dell'umano; mentre Calliope, citata per ultima, cura la bellezza della voce nella recitazione» (Snell). Per di più ciascuno di questi nomi richiama qualcuno degli aspetti dell'operare delle Muse di cui è stato parlato nei versi precedenti (Friedlaender): Clio cfr. κλείουσαν v. 67; Euterpe cfr. τέρπουσι v. 37 e 51; Talia cfr. ἐν θαλίῃς v. 65; Melpomene cfr. μέλπονται v. 66; Tersicore cfr. ὀρχεῦνται v. 4, χοροί v. 63; Erato cfr. ἐρατήν v. 65, ἐρατός v. 70; Polimnia cfr. ὑμνεύσαις v. 70; Urania

cfr. οὐρανῷ ἐμβασιλεύει v.71; Calliope cfr. ὀπὶ καλῇ v. 68. Tutto questo sapiente e ricercato complesso di rinvii, il carattere, così decisamente allusivo, dei nomi delle Muse induce fortemente a pensare che questi nomi medesimi siano invenzione di Esiodo.

80-103. Un altro passo di grande impegno concettuale. L'idea che Esiodo sviluppa è assolutamente nuova e, nello stabilire certe corrispondenze di valori, addirittura rivoluzionaria. Esiodo si propone di dimostrare il possesso di un uguale grado di dignità per i poeti e per i re. La dimostrazione è inserita nel contesto di questa celebrazione delle Muse perché quella dignità ha la sua giustificazione e il suo fondamento nel favore appunto concesso da quelle dee. Il pensiero però è espresso in maniera abbastanza contorta, ma alcuni studi (Friedlaender, von Fritz, Maehler) ne hanno chiarito sufficientemente i nessi. Vediamo prima di tutto alcuni dettagli. Ai vv. 80-81 c'è un passaggio dal singolare al plurale — prima si parla di Calliope e poi in generale delle Muse — così come in generale alle Muse si accenna nei vv. 93 e 96. La cosa si spiega col fatto che la caratteristica che Calliope significa col suo nome, il possesso della bella voce, non è sua esclusiva, ma di tutte le Muse, così come tutte le altre caratteristiche indicate da ciascuno dei nomi delle rimanenti, per cui ecco questa facilità di passaggio dal singolare al plurale. I due versi 91 e 92 si ritrovano quasi uguali in *Od.* 8, 171-173, però invertiti rispetto al presente luogo:

ὁ δ' ἀσφαλέως ἀγορεύει
αἰδοῖ μειλιχίῃ, μετὰ δὲ πρέπει ἀγρομένοισιν,
ἐρχόμενον δ' ἀνὰ ἄστυ θεὸν ὣς εἰσορόωσιν

Questa circostanza, unitamente al fatto che — si sostiene — nel contesto della *Teogonia* questi due versi causerebbero delle difficoltà, ha fatto pensare che si abbia a che fare con un'interpolazione. Tali difficoltà sarebbero per von Fritz le seguenti: 1) il passaggio dal plurale al singolare, qui al v. 90, non è sopportabile; 2) non si capisce che cosa significhi l'aggettivo μειλίχιος riferito ad αἰδώς per indicare la maniera in cui le genti guardano il re; 3) quanto qui detto a proposito del rapporto fra il re e il popolo è espresso molto meglio sopra, nei vv. 84-85. Si può rispondere: 1) in questo gruppo di versi, dall'80 in poi, si ha più di un passaggio dal plurale al singolare e viceversa (80-81, 87-88, 90-91, 93-94, 96-97); in particolare sembra si prediliga questo cambiamento di persona quando ad una caratterizzazione generale dei re fa seguito la descrizione più particolareggiata del loro agire e di un loro comportamento, come in 80-81, 87-88, qui in 90-91, 96-97; 2) l'aggettivo μειλίχιος unito ad αἰδώς è sullo stesso piano di οὐκ ἀγαθή, anche in questo caso unito ad αἰδώς, di *Op.* 317: è la reverenza dolce e benigna, scevra da timore, che fa da pendant perfetto agli ἔπη μείλιχα di v. 84 che scorrono dalle labbra del re; 3) non è vero che in questi due versi sia detta la medesima cosa che in 84-85: là si esprime l'idea che il popolo presta attenzione (ἐς αὐτὸν ὁρῶσι) al re, qui si dice invece che lo onora e gli fa festa con dolce rispetto. Quindi i motivi per considerare interpolati questi versi non pare di fatto che esistano. Altrettanto poco convincente appare la meccanica proposta da von Fritz per spiegare la maniera in cui questi versi, dall'*Odissea,* sarebbero stati inseriti nel testo della *Teog.*: essi, scritti in margine in corrispondenza dei vv. 84-86 come luogo parallelo, sarebbero stati creduti, da un revisore, come versi omessi erroneamente e perciò questi avrebbe cercato il luogo dove reinserirli; poiché tale luogo non riusciva a trovarlo li avrebbe invertiti per ottenere meglio il suo scopo. Ma si può chiedere: perché costui non li avrebbe inseriti dopo v. 80 dove avrebbero potuto adattarsi assai bene anche senza bisogno di essere invertiti? questa inserzione avrebbe potuto esser fatta abbastanza agevolmente dato il legame costituito dal secondo emistichio di v. 86 rispetto a *Od.* 8, 171. In realtà la presenza di questi versi dà la sensazione di rappresentare la testimonianza di una di quelle operazioni di riattribuzione di significato che Esiodo opera sovente nei confronti del patrimonio espressivo dell'epica eroica tradizionale, e in questo caso tale operazione si concentra proprio sull'espressione αἰδοῖ μειλιχίῃ che Esiodo carica di un nuovo significato rispetto a Omero e, sulla base della rinnovata importanza che nella sua poesia assume il termine αἰδώς (cfr. per es. *Op.* 317 sgg.), la trasferisce ad indicare l'atteggiamento e i sentimenti con cui il popolo guarda al re, e il risultato dell'operazione è in questo caso, *pace* von Fritz, assai felice; soprattutto ne viene fuori alla fine un contesto assai più significativo di quanto non fosse quello originario omerico.

Un'altra piccola difficoltà pare rappresentata dal v. 93: perché si parla del dono delle Muse agli uomini in generale se finora era stato esaltato il rapporto particolare con i re? Però Maehler a questo proposito ha osservato giustamente che tramite i re il dono delle Muse ha effetto e in certo modo si riversa anche sugli altri uomini fra i quali, come è detto nei versi immediatamente precedenti, il re è in grado di riportare l'armonia.

Ai versi 100 sg. è interessante questa indicazione di quali erano i temi più comuni e quindi, con tutta probabilità, tradizionali, del canto degli aedi: poesia epica e poesia religiosa, e religiosa non è detto che debba significare teogonica alla maniera della *Teogonia*; può darsi che Esiodo intendesse innologia, per cui non è escluso che la *Teogonia*, almeno così strutturata, rappresentasse una novità. È interessante che qui Esiodo non consideri, come abituale, il tipo di poesia delle *Opere*.

Dunque, il concetto che Esiodo vuole esprimere in questo gruppo di versi è che i re e i poeti che godono del favore delle Muse hanno una dignità particolare. Da notare che, come dai vv. 26 sgg. si ricavava che non tutti i poeti godono dei privilegi della rivelazione della verità, così qui, nei vv. 81 sgg., si vede che non tutti i re sono amati dalle Muse, ma solo alcuni. Il pensiero di Esiodo si sviluppa per elementi giustapposti – anche dove si aspetterebbe un'organizzazione subordinata – e si struttura sfruttando artifici propri della maniera arcaica, come il chiasmo e il parallelismo dei concetti:

(a 81-92) il re che le Muse amano ha il particolare dono di placare gli animi e di rendere retta giustizia, e anche se diverse sono le figure dei re e dei poeti, dal momento che

(b 94-95) i poeti hanno ricevuto la loro dignità dalle Muse e da Apollo, mentre

(a' 96^1) i re da Zeus

(b' 96^2-103) il poeta che è amato dalle Muse ha, al pari del buon re, il particolare potere di provocare con la sua parola effetti eccezionali, e sa far dimenticare i dolori agli uomini.

116-121. Un gruppo di versi che, dietro l'apparente semplicità, presenta vari problemi ed è stato oggetto di diverse discussioni. Prima di tutto una parte autorevole della tradizione indiretta, rappresentata da una citazione di Platone (*Simposio* 178a-b) e da una di Aristotele (*Metaf.* 984b 27) sembra ignorare i versi 118 e 119, per cui è stato pensato che il testo di Esiodo che Platone e Aristotele conoscevano mancasse di questi versi e che pertanto essi rappresentino un'interpolazione. In realtà basta guardare il contesto in cui compaiono le citazioni dei due filosofi per accorgersi che la loro testimonianza rappresenta un'interpretazione che loro danno del testo di Esiodo, quindi non legata al rispetto del preciso dettato. Sia a Platone che ad Aristotele infatti preme sostenere e dimostrare che fra i primi principi ci fu Eros e citano Esiodo come autorità, questi versi appunto, limitandosi a riportare quelli che parlano di Caos, Gaia ed Eros (Aristotele addirittura omette il secondo emistichio di v. 117!); il che non significa però che essi ignorassero l'esistenza dei versi che rammentano l'Olimpo (v. 118) e il Tartaro (v. 119), ma unicamente che – con tutta probabilità a ragione (cfr. H. Schwabl in «Wiener Studien» 72

[1959] pp. 30-35) – consideravano la parola Tartaro di v. 119 come complemento oggetto di ἔχουσι «tengono» di v. 118, al pari di «vetta nevosa d'Olimpo». Pertanto la testimonianza di Platone e Aristotele sull'autenticità o meno di questi due versi non ha nessun valore, o meglio: questa presunta testimonianza non è tale. Se dunque i due versi in questione sono autentici, hanno una loro precisa funzione perché la loro presenza significa che fin da questo inizio dell'opera abbiamo la menzione dei due luoghi che, emblematicamente, rappresentano le due stirpi di divinità, gli Olimpî e i Titani, le cui vicende costituiscono il complesso maggiore e più importante di fatti narrati nell'opera.

Queste prime entità, Caos e Gaia – lasciando da parte Eros – hanno indubbiamente una duplice fisionomia, al pari del resto di molte di quelle la cui genealogia verrà narrata nei versi seguenti: cosmologica e divina. Gaia soprattutto, che è all'origine di tutte le stirpi divine (cfr. sotto a vv. 124 sgg.), ma anche Caos, generano altre entità. Solo Eros non ha una discendenza sua propria e diretta, e ciò è facilmente spiegabile in quanto, eccetto quei casi, dei quali Esiodo ci fa avvertiti, di procreazione senza unione sessuale, Eros rappresenta la forza e l'impulso a generare che regge lo sviluppo genealogico di tutte le entità, quindi potrebbe apparire in contraddizione all'ampiezza di questo suo ruolo cosmico il farlo generatore di una sua discendenza particolare.

Che cosa Esiodo intendesse con Caos è ancora un grosso problema. La parola sembra indubbiamente collegata col verbo χαίνω «aprirsi», «spalancarsi», per cui viene facile pensare che Esiodo designasse con Caos il luogo dove le cose vengono a sussistere. Che poi nell'immaginare la collocazione dello spazio vuoto Esiodo non sappia pensare che alle regioni poste al di sotto della terra non è cosa che meravigli: cfr. sotto, vv. 741 sgg., in una sezione dove gli interessi cosmologici sono, al contrario di quanto accade nel presente gruppo di versi, decisamente prevalenti.

117. Che la terra sia definita sede sicura degli dèi e subito al verso seguente si dica degli dèi che «tengono la vetta nevosa d'Olimpo» non deve meravigliare: poco dopo, al v. 128, la stessa espressione «ai beati sede sicura» è usata a proposito del cielo.

123-124. Abbiamo un'esemplificazione dei due criteri principali sulla base dei quali Esiodo costruisce le sue genealogie: l'analogia e il contrasto; da Caos nascono due entità delle tenebre, Erebo e Notte, da Notte due entità della luce, Etere e Giorno. Etere è la parte luminosa del cielo in quanto la mentalità arcaica non era giunta a riconoscere nel sole l'origine di ogni luminosità diurna.

126. *Simile a sé*: questo concetto è spiegato dalla seconda metà del v. 127, quindi simile a sé come misura. Questo presuppone una visione cosmologica per cui sulla linea dell'orizzonte il bordo esterno del cielo viene a coincidere e ad appoggiarsi su quello estremo del disco terrestre, pertanto il cielo appare grosso modo concepito come una semisfera che i corpi celesti percorrono nel loro cammino salendo e poi discendendo: cfr. v. 761 a proposito del sole. L'idea di West (comm. ad v. 127) secondo la quale Esiodo concepirebbe il cielo di forma piatta, come un disco collocato parallelamente al disco terrestre, non ha pertanto alcun fondamento. Per altri problemi cosmologici relativi alla posizione reciproca del cielo, della terra e del Tartaro cfr. sotto a proposito dei vv. 720 sgg.

129 sgg. Le entità e gli dèi nati da Gaia e Urano costituiscono la stirpe dei Titani che si ribellano contro il padre, fatto qui appena accennato al v. 138 relativamente a Crono; di ciò si narrerà ai vv. 154 sgg. Come capita in genere in questi casi, se in una enumerazione una delle entità elencate ha un ruolo di spicco rispetto alle altre, questa compare all'ultimo posto, così come era accaduto, per es., per l'elenco delle Muse al v. 79; nello stesso modo l'ultimo dei figli di Crono, colui che dovrà vincere e spodestare il padre, è Zeus: cfr. v. 468. Crono, qui definito come «il più tremendo dei figli», ricompare con tratti assai diversi come il dio dell'età dell'oro in *Op.* 108, e come sovrano delle isole dei beati secondo una tradizione di cui abbiamo testimonianza in Pindaro, *Ol.* II 70 sgg.

139 sgg. I due gruppi di figli di Urano e Gaia che vengono elencati ai vv. 139-146 e 147-153, costituiscono categorie a parte rispetto agli altri Titani; infatti al momento decisivo della battaglia fra gli Olimpî e i Titani, sia gli uni che gli altri si schierano dalla parte degli Olimpî: i Ciclopi, che portano i nomi significativi di Bronte (tuono) Sterope (folgore) e Arge (baleno) forniscono a Zeus le armi che gli sono caratteristiche, e cioè appunto, il fulmine, il tuono e il lampo (cfr. sotto vv. 504 sg.) come ricompensa del fatto che Zeus li libera dai legami in cui il padre li aveva costretti. Infine, quando i Centimani vengono liberati (cfr. ai vv. 624 sgg.), il loro intervento a fianco degli Olimpî è decisivo per le sorti della lotta (cfr. sotto vv. 713 sgg.).

161. Abbiamo preferito nella traduzione lasciare il corrispondente del greco ἄδαμας «adamante» data l'assoluta incertezza riguardo al significato del termine. La traduzione più comune,

«acciaio». non sembra avere alcuna giustificazione obiettiva. La parola δρέπανον con cui in Erodoto I 125 viene designata una specie di sciabola orientale, in *Od.* 18, 168 è accompagnata dall'aggettivo εὐκαμπής «ricurvo», ed è strumento che serve per tagliare l'erba, quindi una falce. In questo luogo esiodeo dunque Gaia crea uno strumento ricurvo fatto di qualche materiale ignoto, forse un metallo, uno strumento rituale, parrebbe; non è nemmeno da escludere che il significato preciso della parola fosse ignoto allo stesso Esiodo.

176 sgg. Nell'immagine di Urano che giunge alla sera desideroso d'amore e si stende su tutta la terra, l'elemento antropomorfo si armonizza perfettamente con quello più propriamente cosmologico senza sopraffarlo: l'equilibrio è sapientemente raggiunto. La castrazione del dio, narrata con modi non privi di una loro grandiosa e terribile bellezza, dà ragione ad un tempo di realtà e situazioni di carattere cosmologico e più strettamente genealogico. Per il primo ambito si ha con ciò la spiegazione della separazione di cielo e terra, un evento presente nel patrimonio mitologico di molti popoli; connesso strettamente a questo evento è l'espediente, diversamente atteggiato a seconda delle varie mitologie, per impedire che questa unione cielo-terra si riproduca. Nel caso della mitologia greca è Atlante che ha il compito di mantenere questa separazione o in quanto regge delle colonne che impediscono al cielo di cadere (cfr. per es. *Od.* 1, 53 sg.) o in quanto sostiene lui direttamente il cielo con le sue spalle (cfr. sotto vv. 517 sgg.). Per quanto riguarda più strettamente l'ambito genealogico, la castrazione di Urano pone fine all'attività procreatrice della coppia Urano-Gaia e determina la scomparsa di Urano da ogni ruolo attivo nello sviluppo del pantheon esiodeo. Altre saranno le mansioni che la coppia eserciterà, come quella di consigliare le altre divinità più giovani in momenti particolarmente importanti. Gli ultimi figli generati da Urano sono quelli che nascono dalle gocce di sangue della sua mutilazione e dal suo seme che, dai genitali tagliati, si sparge nel mare.

190-200. Le varie epiclesi di Afrodite vengono fatte derivare dalle caratteristiche che accompagnano la sua nascita. Nei vv. 190-195 tali caratteristiche vengono esposte: nata dalla spuma, giunge a Citera e poi a Cipro, da ciò i tre nomi, con le relative etimologie, Afrodite, Afrogenea, Citerea, Ciprogenea: Afrodite e Afrogenea perché nata dalla spuma (ἀφρός), Citerea perché arrivò a Citera, Ciprogenea perché nacque presso Cipro. Infine abbiamo la spiegazione del nome Filommedea in quanto nata dai genitali (μήδεα) di Urano tagliati.

201. Qui la figura di Eros è evidentemente del tutto diversa da quella della divinità primigenia di cui al v. 120. Il fatto che qui Eros compaia al seguito di Afrodite non significa che sia immaginato come un fanciullo così come la tradizione più tarda, anche figurativa, lo rappresenta, e che sia nato prima non costituisce un impedimento a che egli entri a far parte del corteggio della dea; nello stesso modo Potere e Forza, figli di Stige, entrano a far parte del corteggio di Zeus (cfr. vv. 385 sgg.). Della nascita di Imeros (Desiderio) non si era finora parlato; una evidente dimenticanza.

207-210. Il gioco etimologico è fondato sull'assonanza fra la parola Titani (Τιτῆνες) e il verbo «tendere» (τιταίνω). L'accostamento è però arbitrario in quanto la parola Τιτῆνες ha la prima sillaba lunga mentre il verbo τιταίνω, come tutti i verbi raddoppiati al presente, ha la prima sillaba breve, anche se qui Esiodo la considera lunga per rendere possibile l'etimologia inventata da lui. Il fenomeno non è mai stato considerato per quello che, a nostro parere, rappresenta, cioè un indizio di poesia non più orale e nella quale la tecnologia scrittoria ha assunto un suo ruolo e fa sentire la sua influenza: il poeta orale, per il quale le parole e le espressioni formulari avevano un'esistenza essenzialmente fonica, non avrebbe mai potuto considerare lunga una sillaba breve a meno che questo fenomeno – che nella lingua epica si dà in circostanze ben precise – non gli fosse autorizzato dalla tradizione (è il caso, per es., che si dà in certe sequenze di sillabe di quantità tale che non possono entrare nell'esametro, cioè quelle convenzioni che si chiamano leggi di Schulze). Qui Esiodo appare aver stabilito il nesso etimologico fra le due parole unicamente sulla base della somiglianza grafica, non fonica, e dimostra di aver proceduto sulla base della consapevolezza – frutto della riflessione e quindi lontano dalla mentalità che caratterizza la poesia orale – che questo scambio fra la quantità diversa di due sillabe si può dare e perciò sentendosi autorizzato ad applicare la convenzione in maniera estensiva anche al di là dei casi previsti e codificati dalla tradizione.

211 sgg. La discendenza di Notte è tutta caratterizzata negativamente; che in questa rientrino anche le Esperidi (le divinità che per eccellenza stanno ad Occidente) induce a pensare che anche Notte fosse collocata ad Occidente dove, come avremo modo di vedere ancora, è pensata la dimora di altre entità più specialmen-

te misteriose. Per quanto riguarda i vv. 218-219 va detto che provocano qualche difficoltà in quanto ricorrono quasi uguali in 905-6; espungerli – come pure fanno molti editori – serve a ben poco se non si risolve il problema della doppia discendenza delle Moire che qui appunto sono dette nate da Notte, mentre in 905 sg. provengono dal matrimonio di Zeus con Temi. Ancora: qui queste divinità compaiono connesse con tutto un insieme di entità negative, al v. 905 sono sorelle di Eunomie, Dike, Eirene, cioè «buon governo» «giustizia» «pace». Solmsen (*Hesiod and Aeschylus*, Ithaca, N.Y. 1949, pp. 36 e 45) ha sostenuto che questa incongruenza è dovuta alla volontà di Esiodo di far figurare come poste sotto il dominio di Zeus e inquadrate nel suo mondo – al momento in cui, alla fine dell'opera, tale dominio si è stabilito e consolidato – anche forze ed entità, come appunto le Moire, che a questo punto non possono ancora esservi soggette. Se tale ipotesi è giusta – e ci pare che a tutt'oggi non ne sia stata proposta una più soddisfacente rispetto alla brutale operazione dell'espunzione – avremmo una chiara conferma del valore del tutto funzionalizzato alla caratterizzazione delle entità divine che in genere Esiodo attribuisce ai legami genealogici. A conferma di questa, che potrebbe anche apparire come una certa disinvoltura esiodea nel modificare certi legami genealogici a seconda delle circostanze, vale il caso di Eris su cui cfr. Introduzione p. 11.

233 sgg. Nereo, il più anziano dei figli di Ponto, è il «vecchio del mare», e Esiodo intende spiegare questo appellativo con il fatto che Nereo possiede certi caratteri di benignità, saggezza, veridicità.

240. Nonostante le parole di Esiodo al v. 264, l'elenco delle Nereidi, così come compare nella tradizione manoscritta, comprende cinquantun nomi. Nel testo di West, che qui viene seguito, si rimedia alla difficoltà con un intervento al v. 245 (ϑοὴ Θαλίη al posto del tramandato Θόη Θάλιη) ed un altro al v. 243 dove la tradizione dà il nome di Πρωτό che però compare anche al v. 248, per cui West al v. 243 ha corretto in Πρωϑό.

270 sgg. La progenie mostruosa di Forci e di Ceto è anch'essa collocata ad Occidente, come indica chiaramente il riferimento alle Esperidi (cfr. v. 215). È interessante anche osservare che in ambedue i luoghi compare un riferimento anche ad Oceano che, nonostante in astratto fosse pensato come un fiume di forma circolare scorrente tutt'intorno alla terra, di fatto e nel concreto non si sapeva vederlo che ad Occidente dove la conformazione delle

coste e il gioco delle correnti dello Stretto di Gibilterra poteva offrirne un'immagine la cui visione oscilla costantemente fra la realtà e la fantasia mitica (cfr. in proposito G. Arrighetti, *Cosmologia mitica di Omero e Esiodo*, in *Esiodo, Letture critiche* a cura di G.A., Milano 1975, pp. 177 sgg.).

286 sgg. È questo il primo accenno che noi abbiamo alla storia di Gerione, alla sua ascendenza e alla sua morte per mano di Eracle. La vicenda della contesa fra Gerione ed Eracle fu, dopo Esiodo, tema di un lungo componimento poetico di Stesicoro: cfr. D. Page, *Supplementum Lyricis Graecis*, Oxford 1974, S 7-87.

298. Secondo una tradizione per noi attestata da Erodoto IV 9-10, con Echidna si sarebbe unito Eracle e da uno dei figli nati da questa unione avrebbero avuto origine gli Sciti.

304. La collocazione del paese degli Arimi era incerta anche nell'antichità. Anche Omero la ricorda in *Il.* 2, 783 come dimora di Tifeo, ma senza fornire alcun ulteriore dettaglio. Una collocazione degli Arimi nella regione posta nell'Asia Anteriore, presso la Lidia, la Misia e la Frigia, come si legge in Strabone 626, potrebbe essere suffragata da quanto afferma Pindaro, *Pyth.* I 17 riguardo a Tifeo: Τυφὼς... τόν ποτε Κιλίκιον θρέψεν... ἄντρον, mentre nel fr. 93 Snell-Maehler del medesimo Pindaro si dice senz'altro che il mostro è collocato ἐν 'Αρίμοις, quindi si dovrebbe concludere che per Pindaro gli Arimi erano da collocare in Cilicia.

337 sgg. Con Oceano e Teti si torna alla discendenza da Urano e Gaia (cfr. sopra vv. 133 sgg.), siamo quindi di nuovo alla stirpe dei Titani. Secondo le credenze antiche, da Oceano sono alimentati tutti i fiumi e le sorgenti della terra, da ciò la presente genealogia. Nonostante che questo elenco, così come si presenta, non sembri rivelare alcun ordine, è stato riconosciuto (cfr. West, comm. ad loc.) che i fiumi che vi sono rammentati sono raggruppabili in base alle regioni nelle quali scorrevano; cioè, all'infuori che per il Nilo, il Fasi e l'Eridano, che erano collocati rispettivamente nel sud, nell'est e nell'ovest estremi, Alfeo, Acheloo, Aliacmone, Peneio, Ladone, Evenio erano in Grecia; Meandro, Ermo, Caico, nell'Asia Minore greca; Reso, Rodio, Eptaporo, Granico, Aisopo, Simoenta, Scamandro nella Troade; Strimone e Nesso nella Tracia egea; infine Istro, Sangario, Partenio, Aldesco sulle coste del Mar Nero.

346 sgg. La quasi totalità dei nomi delle Oceanine, come quelli delle Nereidi, sono "parlanti" (cfr. Fr. Schwenn, *Die Theogonie des Hesiodos*, Heidelberg 1934, p. 96 sgg.); per es., Iante e Elettra indicano rispettivamente il colore violetto e lo splendore dell'acqua che zampilla, Rodeia è la fonte delle rose, Petrea è la fonte che sgorga dalle rocce, Plexaure e Galaxaure sono rispettivamente, la prima la fonte che nello zampillare colpisce l'aria, la seconda quella la cui acqua appare bianca come il latte, Melobosi è la fonte alla quale si abbeverano le greggi, Dori, Polidore e Eudore sono le fonti che fanno dei doni agli uomini. Ci sono infine nomi che indicano un'azione che le sorgenti esercitano a livello spirituale, conformemente alla *timé* che hanno di proteggere la giovinezza degli uomini (cfr. v. 347): Peito, Admete, Iduia, Meti e così via.

369 sg. Una dichiarazione di impotenza espressa nella forma tradizionale; West (comm. ad loc.) richiama giustamente *Il.* 2, 488; 12, 176; 17, 260. *Od.* 3, 114. Si tratta di casi nei quali l'altrettanto tradizionale fiducia nell'ispirazione divina – consistente essenzialmente nella capacità di ricordare e di sapere – viene meno, senza che l'aedo che pronunzia le parole dei passi riportati sopra abbia consapevolezza delle conseguenze che questi casi di incapacità comportano riguardo al rapporto del poeta con la divinità ispiratrice. Perché alcune volte questa ispirazione è sufficiente ed altre no? Da questo punto di vista Esiodo, nonostante l'approfondimento a cui sottopone il problema di tale suo rapporto con le Muse, rientra – almeno nel caso presente – pienamente nella tradizione. Un po' diverso si presenta il problema per Ibico (cfr. 1, 23 sgg. P.) il quale sembra considerare con un atteggiamento ironico e distaccato il suo rapporto con la divinità (cfr. G. Arrighetti, *In tema di poetica greca arcaica e tardo-arcaica*, in St. Class. Or. 25 [1976] pp. 276 sgg.).

371 sgg. Sempre dalla stirpe dei Titani (per Teia e Iperione cfr. vv. 134 sg.) nascono le divinità della luce del cielo, Sole, Luna e Aurora; e qui, da Euribie e Crio (cfr. rispett. vv. 239 e 134), altre divinità collegate con astri e corpi celesti: Astreo, Pallante, Perse.

378 sgg. Cfr. vv. 870 sg. donde si ha la conferma che Esiodo conosceva tre venti regolari e utili agli uomini: Borea, Noto, Zefiro, nati da divinità e quindi pienamente rientranti nello schema teogonico; da tutti gli altri venti, irregolari, non proviene nessun vantaggio. L'aggettivo che accompagna Zefiro, «splendente»,

ha forse la sua giustificazione nel fatto che questo vento spira soprattutto in primavera, nella stagione più chiara.

383 sgg. Già al v. 361 Stige era stata collocata in una posizione di particolare rilievo rispetto alle altre Oceanine; qui si ha la spiegazione del fatto. Assai significativa è la notizia che Zeus avesse rivolto a tutti gli dèi l'invito a schierarsi dalla parte degli Olimpî nella lotta contro i Titani con la promessa che ognuno avrebbe avuto la sua parte di onore, la sua *timé*. Come si è detto (cfr. Introduzione pp. 34 sgg.; 50 sg.) l'avvento del regno di Zeus e degli Olimpî non comporta la scomparsa delle altre generazioni di dèi, ma, entro certi limiti, si ha come un assorbimento e un inserimento, nel nuovo ordine instauratosi, anche delle potenze divine che l'avevano preceduto.

411-452. È il così detto Inno a Ecate, composto per la sola divinità che, dopo le Muse, sembra essere oggetto di una particolare devozione da parte di Esiodo. Essa, unica fra tutte le divinità della *Teogonia* – con l'ovvia eccezione di Zeus – gode del particolare privilegio rappresentato dal fatto che la sua giurisdizione, la sua *timé*, si estende sulla terra, sul mare, nel cielo. Il brano è diviso in cinque parti abbastanza ben articolate: la prima (vv. 411-415) definisce l'estensione della *timé* della dea; perciò (seconda parte: vv. 416-420) gli uomini si rivolgono a lei per ottenerne il favore in quanto (terza parte: vv. 421-428) di nessuno dei privilegi di cui godeva fu privata da Zeus, e (quarta parte: vv. 428-449) pertanto lei protegge ogni genere di attività umana; infine (quinta parte: vv. 450-452) essa è anche protettrice della gioventù. Qualche difficoltà di interpretazione presenta l'espressione μετ' ἐκείνην di v. 456: non credo che la preposizione μετά sia da intendere in senso puramente temporale così che l'intera espressione sia da rendere «dopo di lei»; questa interpretazione andrebbe incontro alle giuste obiezioni mosse da West (comm. ad loc. p. 289). In realtà è possibile che anche qui μετά abbia un senso figurato come in fr. 22,7 del *Catalogo* ἀπειρέσιον μετὰ εἶδος, dove esprime l'atto di «seguire» «andar dietro» alla bellezza di una donna. Qui, riguardo ai giovani, indicherà probabilmente una qualche sorta di devozione o di consacrazione nei confronti della dea.

454 sgg. Siamo al momento della discendenza di Crono e Rea con la conseguente nascita di Zeus e la detronizzazione di Crono, quindi al secondo ed ultimo episodio delle vicende del regno degli dèi. In questo caso il rapporto di analogia con vicende mitiche di

altre civiltà del Vicino Oriente è particolarmente stretto, in special modo con il mito ittita del dio Kumarbi (cfr. Introduzione pp. 29 sgg.). Accanto alle somiglianze ci sono però anche delle grosse differenze: il dio Kumarbi porta nel suo interno delle divinità, fra le quali il Dio delle tempeste, destinato a detronizzarlo, perché aveva ingoiato i genitali del suo predecessore, il dio Anu, che col suo seme lo aveva fecondato; Kumarbi ingoia anch'egli una pietra come Crono, non però perché ingannato, ma molto probabilmente per uccidere la prole che porta in sé. Però nel racconto esiodeo appare chiaro che deve essere confluito anche qualche elemento di origine minoico-cretese, come dimostra la parte di esso relativa alla permanenza in Creta di Zeus appena nato.

465. A rigore non poteva esistere una volontà di Zeus perché Zeus in questo momento non era ancora nato. In realtà non c'è da scandalizzarsi di queste incongruenze di Esiodo: la stessa espressione ricorre in *Op.* 122 a proposito di un tempo in cui viveva sulla terra la razza aurea degli uomini che esistevano al tempo di Crono (v. 111) e sempre in *Op.* 110 si parla degli dèi olimpî come se già esistessero.

472. Ogni torto e ogni offesa fatta subire scatena le Erinni della vittima, le «Erinni potenti» come si legge al v. 185. Da notare che a Zeus che sta per nascere viene attribuito questo compito di placare le Erinni di Urano («il padre di quello») scatenate perché offese da Crono, e quelle degli altri figli che Crono aveva divorato. I caratteri del regno di Zeus nel quale si avrà, in qualche modo, un recupero delle antiche divinità e il rispetto della giustizia per cui ogni colpa dovrà ricevere la sua pena, si vanno delineando. Nulla di tutto ciò si riscontra nei truculenti paralleli dei miti orientali.

498. Si tratta di una pietra conservata a Delfi ancora in piena età storica (cfr. Pausania 10, 24, 6) oggetto di un culto particolare.

501. Questi fratelli del padre non possono essere che i Ciclopi che, come si legge al v. 141, avevano appunto dato a Zeus il tuono, il lampo e la folgore che rappresentano ad un tempo lo strumento e il simbolo del suo potere (cfr. v. 506 e v. 72). Ancora significativo è non solo il fatto in sé della liberazione di divinità dell'antico pantheon, ma che proprio da queste derivino a Zeus gli strumenti della sua potenza. Che, come si legge al v. 505, il fuoco

donato dai Ciclopi a Zeus fosse prima nascosto nella terra starà probabilmente a significare che Esiodo pensava ad una origine vulcanica di quello.

507 sgg. Questo lungo brano che si estende fino al v. 616 è chiamato comunemente «mito di Prometeo», ma i suoi contenuti e il suo significato trascendono di molto le vicende del Titano e investono e affrontano il problema che poi sarà il tema delle *Opere*, quello del destino dell'uomo.

Il brano inizia con il racconto di una normale vicenda genealogica: il titano Iapeto (cfr. v. 134) si unisce con l'oceanina Climene e genera quattro figli: Atlante, Menezio, Prometeo, Epimeteo. I primi due sono condannati a pene che non avranno fine, mentre Prometeo e Epimeteo diventeranno, soprattutto il primo, protagonisti di vicende di portata enorme; basti dire che i fatti di Prometeo sono collegati con l'eziologia della maniera in cui gli uomini offrono i loro sacrifici agli dèi, con il possesso del fuoco da parte dell'uomo, con la presenza del male nella vita dell'uomo, male simbolizzato dalla donna. Si ha la sensazione che tutti gli elementi che concorrono a formare il complesso mitico siano tradizionali, anche se non è possibile stabilire sempre con certezza il grado di connessione che presentavano fra loro prima della rielaborazione esiodea e di conseguenza la portata degli interventi operati dal poeta. Alcuni fatti, ci pare, rimangono al di là di ogni spiegazione logica: per es. il perché Prometeo esercita le risorse della sua astuzia contro Zeus, il perché del suo costante atteggiamento di favore nei confronti degli uomini; altri poi trascendono ogni possibilità di spiegazione precisa a causa della stringatezza e del carattere allusivo del testo, come il contenuto del v. 535 che adombra un momento, nella storia delle vicende fra dèi e uomini, che non siamo in grado di capire e di ricostruire.

511. Il nome e la caratterizzazione di Epimeteo come «malaccorto» hanno la loro giustificazione solo nei particolari del racconto analogo quale compare in *Op*. 84 sgg.: lì è detto che Prometeo aveva avvertito il fratello di non accettare il dono di Pandora fatto da Zeus, ma costui non diede ascolto e «solo dopo averlo accettato, quando ebbe il male, se ne accorse» (Epi-meteo dunque come contrario di Pro-meteo); qui nella *Teogonia* di tutto ciò non c'è nulla.

517. Per Atlante cfr. sopra a v. 176.

523-534. Il particolare dell'aquila che divora il fegato di Prometeo e il racconto dell'intervento di Eracle appaiono in contraddizione con il v. 616 dal quale sembra di dover concludere che il tormento di Prometeo non ha avuto fine e dura tuttora; a ciò, a titolo di difesa del testo, si è opposto che nei vv. 526 sgg. è detto che Eracle uccise l'aquila, non che liberò Prometeo dai suoi legami, per cui non ci sarebbe, a rigore, contraddizione col v. 616. Forse però, a ben guardare, il testo non ha bisogno di essere difeso con argomenti indubbiamente speciosi come quello riportato. Il fatto è che in un contesto come quello in cui è inserito il v. 616, inteso ad affermare che non si può sfuggire al volere di Zeus, quello che importava dire era che nemmeno Prometeo riuscì ad evitare di sottostare a quel volere, ed era proprio così che erano andate le cose; che poi, a maggior gloria di Eracle, il tormento del Titano avesse avuto una fine, in quel contesto non interessava. Per quanto riguarda l'uso del tempo presente del verbo («un grande legame lo tenga», ἐρύκει) si spiega perché il fatto preciso, limitato nel tempo, viene attirato nella logica dell'affermazione generale che è valida per ogni tempo («non si può ingannare il volere di Zeus») e quindi formulato al presente.

535 sgg. È il punto forse più problematico e che lascia senza risposta la maggior quantità di interrogativi. Che cosa significa con precisione ἐκρίνοντο? Forse una decisione di carattere legale, come pensa West, sulla base di significativi paralleli (v. 882 e *Op.* 35); ma relativamente a che cosa? E perché c'è un banchetto? E perché, come abbiamo già detto, Prometeo vuole ingannare Zeus a favore degli uomini? Certo, col racconto di questo banchetto di Mecone (Sicione) si dava un'eziologia delle abitudini che regolavano le offerte agli dèi (cfr. vv. 556 sg.), ma gli interrogativi restano ugualmente.

570 sgg. Il mito di Pandora, al di là del suo significato più immediato, è stato, temiamo, spesso frainteso in quanto ritenuto documento di sentimenti misogini di Esiodo (su questo problema cfr. più ampiamente G. Arrighetti. *Il misoginismo di Esiodo*, in *Misoginia e maschilismo in Grecia e in Roma*, Genova 1981, pp. 27 sgg.). In realtà lo spirito che anima il mito nel racconto di Esiodo è quello dei versi finali 603 sgg. la cui morale è che per l'uomo non esiste bene o felicità, sia che si sposi sia che non lo faccia. Pandora non è tanto un male in sé, quanto portatrice di mali nel mondo, in quanto strumento della vendetta di Zeus. Prima di tutto è da osservare che Pandora riproduce tutte quelle qualità negative che Prometeo aveva dispiegato nel suo inganno

contro Zeus: ambedue sono ingannevoli e sfrontati, ambedue rendono accettabile il male di cui sono portatori – rispettivamente se stessa per quanto riguarda Pandora, la porzione del banchetto per quanto riguarda Prometeo – con lo stesso espediente, cioè nascondendo il male sotto un'apparenza gradevole. Per quanto riguarda infine il paragone della donna con il fuco che compare nei vv. 594-600 e per cui la donna è tratteggiata come un essere che non produce e mangia il frutto del lavoro altrui, a ben guardare rivela una concezione del ruolo della donna nella società di Esiodo che è diversa da quanto si afferma comunemente per cui, si dice, la donna sarebbe considerata nulla di più di una bestia da lavoro e una generatrice di figli. Se così fosse il paragone col fuco non si vede quale giustificazione avrebbe; di fatto nella società di Esiodo un'attività di lavoro della donna libera, della moglie, non è prevista, ed è per questo che costei è detta «compagna non di rovinosa indigenza, ma di abbondanza» (v. 593).

617 sgg. La Titanomachia. Terminata la narrazione della genealogia dei Titani Esiodo narra la lotta fra queste divinità e gli Olimpî, lotta che vedrà alla fine l'instaurarsi del regno degli Olimpî. Il lungo brano relativo, che nel passato è stato oggetto delle spericolate operazioni della critica analitica, intesa ad individuare inserzioni arbitrarie e ampliamenti illegittimi, si è rivelato, in seguito a ricerche più attente, come uno dei luoghi in cui l'arte compositiva di Esiodo si è manifestata più attenta e scaltrita (cfr. H. Schwabl, *Beispiele zur poetischen Technik des Hesiod*, in *Hesiod*, Wege der Forschung, von E. Heitsch, Darmstadt 1966, pp. 175 sgg.). Il brano è caratterizzato dalla compresenza di elementi desunti dalla narrazione epica tradizionale e da altri peculiari di questo tipo di battaglia che nella tradizione non aveva precedenti o paralleli. Un piglio tradizionale di poema epico è dato dall'attacco della narrazione *in medias res* (non sarà certamente un caso che quando Esiodo inizia a raccontare, la lotta duri ormai da dieci anni [cfr. v. 636]), e tale sensazione che questo tipo di attacco suscita è accentuata dal fatto che viene passato sotto silenzio il dettaglio di quale delle due parti ha dato il via alla lotta. Infine, un altro elemento che allude e richiama l'inizio di un poema come l'*Iliade*, è costituito dal rifarsi indietro, ad un fatto o ad un motivo del passato che rappresenta il diretto antecedente della situazione da cui la narrazione incomincia: come in *Il.* 1,6 ci si rifà a quando «dapprima» (τὰ πρῶτα) la contesa divise Agamennone e Achille, così qui nella Titanomachia a quando «dapprima» (ὡς πρῶτον v. 667) Urano aveva imprigionato i Centimani. Con alcune caratteristiche tipiche delle narrazioni di battaglie si pre-

senta invece il racconto della lotta vera e propria, con la sua aristia dell'eroe principale, che qui è Zeus (vv. 687 sgg.); nello stesso modo sarà legittimo stabilire un parallelo fra la descrizione di questa lotta nella quale vengono coinvolti gli elementi e le parti del mondo e certe battaglie iliadiche, come quella così detta dei fiumi nel l. 21. Per il resto il brano si presenta saldamente inserito nel complesso dell'opera: non c'è dubbio che iniziare la narrazione riferendosi alla prigionia di Obriareo, Cotto e Gige costituisce un aggancio preciso alla fine del brano precedente che si chiudeva con l'immagine di Prometeo legato per volere di Zeus e, alla lontana, riprende quanto detto ai vv. 154 sgg. sul destino comune di tutti i figli di Urano che il padre teneva prigionieri. Per di più questo medesimo motivo della prigionia costituisce l'elemento che conclude il racconto con andamento anulare giacché la narrazione si chiude al v. 717 con l'imprigionamento dei Titani vinti, cosa che, a sua volta, costituisce il passaggio alla conseguente descrizione del Tartaro.

Gran parte del brano è occupato, come si vede, dal racconto della liberazione dei Centimani e dall'accettazione, da parte di loro, della proposta di alleanza con Zeus e gli Olimpî contro i Titani (vv. 618-663). Il racconto della battaglia vera e propria è diviso in tre sezioni: 664-686, 687-712, 713-720. È stato giustamente notato (West) che l'interesse non si appunta tanto sui singoli contendenti quanto sulla mischia in generale caratterizzata, evidentemente con conseguente esaltazione della sua eccezionalità, dalla partecipazione degli elementi cosmici.

Si è creduto di osservare una certa rozzezza e grossolanità nel passaggio fra v. 712 e 713: dal punto in cui la battaglia è fatta volgere al suo termine dall'intervento di Zeus siamo riportati improvvisamente al mezzo di questa, e poi, partendo da un differente punto di vista, cioè quello della partecipazione alla battaglia da parte dei Centimani, si giunge di nuovo alla fine di questa (West). In realtà la narrazione della battaglia (con buona pace di West) è condotta secondo criteri ben noti da quando, agli inizi di questo secolo, Th. Zielinski scoprì che nell'epica greca arcaica valeva una legge per cui il poeta, nel caso che dovesse narrare due eventi che si davano contemporaneamente, non conosceva l'uso di alcun espediente, anche il più semplice, come un avverbio, che indicasse questa contemporaneità, ed esponeva i due eventi in successione come se veramente si fossero seguiti l'uno all'altro (cfr. Th. Zielinski, *Die Behandlung gleichzeitiger Ereignisse im antiken Epos*, «Philologus», Suppl. VIII, 1899-1901, pp. 407 sgg.). Così qui viene narrata prima l'aristia di Zeus (vv. 687-710) poi, come se venisse dopo – ma in realtà bisognerà pensarlo contemporaneo – il contributo dei Centimani all'esito della lotta (secondo quello che aveva profetizzato Gaia: cfr. vv. 626-628), e questo contributo viene narrato per ultimo perché sono loro che imprigionano i Titani vinti (v. 718) e ne sono i custodi (v. 734).

632 sg. Il monte Otri (Othrys) sorge a sud, il monte Olimpo a nord della piana della Tessaglia, nella Grecia centrale.

718-819. La descrizione del Tartaro. Strettamente connessa alla Titanomachia e alla collocazione dei Titani vinti c'è la descrizione del Tartaro, dell'al di là, in un lungo brano di circa cento versi. Si tratta, va detto subito, di un luogo difficilissimo, le cui oscurità indubbie e le innegabili incongruenze hanno indotto nel passato la critica a scorgervi gli interventi di varie mani di interpolatori che, senza criterio e discernimento, avrebbero operato parecchie e consistenti aggiunte senza preoccuparsi di armonizzare le loro successive inserzioni con il testo sul quale si trovavano ad operare. A voler indicare in maniera piuttosto schematica – ma, crediamo, fedele – le caratteristiche negative di questo brano, le difficoltà che si oppongono a che possa esservi individuato uno schema logico rispondente alle nostre esigenze, appaiono le seguenti: 1) mancanza di una visione generale coerente con quella che ci aspetteremmo essere una delle due possibili collocazioni naturali di questo «al di là», o all'estremità dell'orizzonte, o al di sotto della terra; da questa carenza deriva, conseguentemente, la mescolanza e la giustapposizione di una collocazione orizzontale e di una verticale di quanto in questo al di là è contenuto; 2) la mancanza di una visione topografica precisa di tutto quanto vi si trova: l'enumerazione dei luoghi, delle parti del cosmo e dei personaggi si sussegue con la generica indicazione, monotonamente ripetuta, ἔνθα «là», senza che quasi mai venga indicata la disposizione reciproca di questi luoghi, parti del mondo, personaggi. Constatata questa situazione, si pone un interrogativo di carattere generale e pregiudiziale che è il seguente: quali motivi abbiamo noi per essere autorizzati a presumere da Esiodo, nell'immaginare l'al di là, quella chiarezza di visione che non abbiamo difficoltà a riconoscere come non posseduta dagli interpolatori? Che il tema in sé della descrizione dell'altro mondo non sconvenga ad un poema come la *Teogonia* che, come sappiamo, ha per scopo una sistemazione ed una interpretazione del mondo nella sua totalità *sub specie divina*, è cosa, mi pare, certa, ed è stato anche osservato che un «al di là» così caratterizzato e descritto come compare nella *Teogonia* rappresenta un motivo essenziale nella sistemazione del regno e del potere di Zeus, cosa questa che costituisce un motivo assai importante della *Teogonia* (cfr. M.C. Stokes, *Hesiodic and Milesian Cosmogonies*, in «Phronesis» VII [1962] p. 74). Arrivati però a questo punto crediamo di poter dire che qualunque tentativo di analisi relativo all'individuazione di quanto, in questo complesso, possa eventualmente esserci di non esiodeo, un tentativo che pretenda di avere serio fondamento di attendibilità, deve arrestarsi davanti alla difficoltà rappresentata dalla mancanza di criteri per giudicare l'autenticamente esiodeo. Infatti delle capacità di immaginazione e di astrazione di Esiodo riguardo a questo genere di problemi cosmologici nessuno sa nulla di più di quanto brani come questo possono dirci, e non siamo quindi assolutamente in grado di dire fino a che punto le incoerenze, i caratteri approssimativi della descrizione, le incertezze topografiche siano o no indegne di Esiodo. Una cosa è certa: nei numerosi tentativi di cui il brano è stato oggetto da parte della critica analitica, non si è mai riusciti ad enucleare sicuri tratti anacronistici, nulla che possa essere caratterizzato con certezza come ispirato da momenti e stadi dell'evoluzione del pensiero e delle conoscenze scientifiche non congruenti con quel poco che possiamo sapere di Esiodo. Tutto quello che in questo lungo e impegnativo brano cosmologico si è riscontrato come elementare o privo dei caratteri della logica – naturalmente della nostra logica – lo si è qualificato come rozzo, illogico in assoluto, e indegno di Esiodo. Per tali motivi tutto consiglia di procedere con la massima cautela e nulla esime, prima di pronunciare sentenze di non autenticità, dall'obbligo di cercare di capire quello che secoli di cultura antica e di antico pensiero hanno considerato come esiodeo.

720-725. In questo gruppo di versi abbiamo un esempio della tendenza alla paratassi che nella Grecità arcaica dominava sia sulle strutture del pensiero che, conseguentemente, sulle maniere di esprimerlo: qui Esiodo vuol dire che il Tartaro è tanto lontano dalla terra quanto dalla terra lo è il cielo. Questo semplice concetto, per noi facilmente esprimibile con una comparazione, Esiodo lo struttura con una serie di asseverazioni che si giustappongono l'una all'altra contenenti espressioni e parole quasi identiche. Nei vv. 722-23 e 724-25 vuole mettere in chiaro che la distanza fra cielo e terra e fra questa e il Tartaro è uguale e allo scopo di affermare questa uguaglianza fa precedere ciascuno dei due distici da un verso pressoché identico (721 e 723b) che, sia nella misurazione della distanza fra la terra e il cielo (vv. 722-23) che in quella dalla terra al Tartaro (vv. 724-25) ribadiscono l'assunto generale che la distanza fra la terra e il Tartaro è uguale a quella fra la terra e il cielo.

726-735. Con questo gruppo di versi si chiude la prima sezione relativa alla descrizione del Tartaro. Già qui si manifesta una evidente incertezza sulla posizione e sulla collocazione di questa parte del mondo. Il fatto che si parli di «collo» (δειρήν v. 727) e si dica che «di sopra» di questo (ὕπερθεν ibid.) si levano le radici della terra e del mare fa pensare che Esiodo concepisse il Tartaro come una specie di recipiente dall'imboccatura stretta, collocato in posizione opposta e corrispondente a quella della terra; però questa immagine non si accorda con quanto detto al v. 731: «all'estremo della terra», un'espressione questa che non può che significare l'occidente (cfr. v. 275 a proposito delle Esperidi: ἐσχατιῇ πρὸς νυκτός) che presuppone una collocazione orizzontale del Tartaro, così come il contenuto del v. 733 dove si parla di un muro che vi corre intorno.

736-745. Questo gruppo di versi, nonostante costituisca un'unità logica, deve esser considerato in due parti: nella prima, vv. 736-39, prevale ancora la visione orizzontale perché altrimenti non si può spiegare come ci sia un punto in cui stanno vicini e di seguito le scaturigini e i confini della terra, del Tartaro, del mare e del cielo: questo non può essere che l'occidente dove si poteva avere qualche esperienza del mitico Oceano, che abbracciava la terra ed era origine di tutte le acque, dove si vede il cielo unirsi alla terra sulla sconfinata distesa d'acqua, dove le tenebre inghiottono il sole alla fine di ogni giorno. Può essere benissimo, come pensa Solmsen (*Chaos and Apeiron* in «St. Ital. Filol. Class.» 24 [1950] p. 242) che il poeta sviluppi il suo pensiero per concetti complementari: mare e terra (vv. 727-28), e qui di nuovo terra e Tartaro, mare e cielo; certo è che non si può non riconoscergli un indubbio sforzo di precisione nell'esporre questi dati: ai vv. 727 sg., avendo come punto di riferimento il Tartaro, parla di «radici» della terra e del mare, e dice che «sorgono sopra»; qui, ai vv. 736 sg. giustamente non compare alcuna precisazione direzionale, solo «là... sono» perché le radici e i confini del mare della terra e del cielo si stenderanno in alto, quelli del Tartaro in basso. La seconda parte di questo gruppo di versi è costituita dai vv. 740-745. Il luogo dove di seguito stanno le scaturigini delle quattro parti del mondo costituisce una «voragine enorme» (χάσμα μέγα) e di nuovo il poeta riesce a riproporre con una certa chiarezza la rappresentazione verticale di questa voragine richiamandosi all'unica immagine che, come ai vv. 720-25, glielo permette, quella dell'oggetto che cade. Ma ecco che l'accenno a Notte e alla sua casa ci riporta nell'occidente, perché non c'è dubbio che Notte sia localizzata a occidente. Né a causa della circostanza per cui al v. 747

Notte vien detta trovarsi nello stesso luogo del Tartaro crediamo sia necessario vedere in Esiodo una duplice localizzazione di essa: ora nel Tartaro, secondo appunto quanto dicono questi versi, ora a occidente, secondo l'opinione più comune. Noi pensiamo piuttosto di trovarci ancora di fronte allo stesso problema a cui accennavamo: c'è un continuo oscillare, nel poeta, fra la visione verticale e quella orizzontale; l'una riesce a concretarla e esprimerla soltanto quando ricorre a certe immagini per lui, da questo punto di vista, particolarmente funzionali, prima fra tutte quella dell'oggetto che cade nel vuoto. Altrimenti la collocazione «di sotto» si trasforma in collocazione occidentale, e al concetto delle regioni sotterranee si sovrappone quello delle regioni occidentali.

744-745. Una breve considerazione a parte si deve fare a proposito di questi due versi, in genere considerati un'interpolazione. È un fatto che ognuna delle sezioni in cui si articola la lunga descrizione fino al v. 766 porta un accenno alla presenza del buio e dell'oscurità: così per quanto riguarda da 720 a 728 questa indicazione la troviamo ai vv. 726-27; per il gruppo 729-35 al v. 729; per questo gruppo 736-45 appunto ai vv. 744 sg.; per il 746-57 al 757; per il 758-66 al 759. E la cosa interessante è che il medesimo concetto della presenza delle tenebre è sempre espresso con immagini o, quanto meno, con parole differenti. È chiaro qui il procedimento descrittivo: non un fatto unico diviso in diverse parti, ma una serie di quadri o di scene giustapposte senza grande cura o capacità di un'armonizzazione generale del tutto; ognuno di questi quadri ha il suo accenno alla presenza delle tenebre.

Riguardo agli altri gruppi di versi, 746-57, 758-66, 767-73, 775-806, si può affermare senz'altro che si riferiscono alla visione occidentale.

Nel primo si parla di Atlante che regge il cielo, ed è indubbio che Atlante sta ad occidente dove, oltre a tutto, è la dimora di Giorno e di Notte. A proposito di queste entità è curioso notare l'assurdità di carattere astronomico che caratterizza il passo: come fanno Giorno e Notte a incontrarsi sulla soglia della dimora comune mentre l'una entra e l'altro esce se tutti e due sorgono ad est a distanza di dodici ore? Anche in questo caso la fantasia mitica ha avuto il sopravvento sulla visione cosmologica: l'idea del tramonto ad ovest sia di Giorno che di Notte porta con sé quella della dimora comune e questa, a sua volta, quella dello scambio del saluto sulla soglia di casa; tutto ciò senza la minima consapevolezza che, perché l'immagine avesse carattere di realismo, sarebbe necessario che Notte e Giorno percorressero un cammino inverso nel cielo.

758-766 e 767-773. Nel senso di una visione orizzontale testimoniano anche questi due gruppi di versi: nel primo si parla dei figli di Notte che, si dovrà pensare, saranno localizzati ad occidente dov'è la loro genitrice, nel secondo della dimora di Ade che si inalza «di fronte», e questo avverbio testimonia chiaramente qual è la prospettiva della visione.

775-806. Interesse desta questa sezione contenente la trattazione su Stige, figlia di Oceano, se non altro perché presenta nei vv. 787-92 l'unico accenno, se non erriamo, fra tutte le opere sicuramente esiodee, alla concezione di Oceano che circonda tutta la terra, e anche un tentativo di spiegazione del meccanismo per cui ha origine questo movimento circolare della corrente di esso. Che anche questa descrizione sia improntata ad una visione orizzontale non ha bisogno di essere sottolineato.

807-819. E veniamo così all'ultimo gruppo di versi di questa sezione, versi che costituiscono la fine e il punto più alto, un importante documento dell'antica cosmologia prima del sorgere della speculazione dei fisici della Ionia. Se tutta la sezione suscita ammirazione per lo sforzo generoso che il poeta compie per rendere in qualche modo la grandiosità che sbigottisce di queste parti del mondo, in questo ultimo gruppo di versi si raggiunge in tal senso il massimo risultato: a quei tratti che concorrevano a rappresentare tale stupefacente grandezza, le scaturigini e i confini delle quattro parti del mondo, qui se ne aggiunge un altro, la «bronzea soglia, inconcussa, commessa su radici infinite» (vv. 811-12). Pare che meglio di tutte le altre questa volta Esiodo riesca a rappresentare l'infinito; al solito però, anche questa volta, esprimendone il concetto per mezzo della descrizione di un oggetto concreto o di un movimento del quale possa esser detto che si estende senza limite: ora sono le radici della soglia, prima era la caduta dell'incudine che durava per nove giorni, o quella di qualunque altra cosa che, superata la soglia del Tartaro, non riusciva a raggiungerne il fondo nemmeno cadendo per un anno. Ma a questo tratto decisamente verticale se ne affiancano altri orizzontali: riguardo al fatto che le scaturigini e i confini non possono che presupporre una visione orizzontale abbiamo già detto, ma qui compare un elemento nuovo: ai vv. 813-14 è detto che i Titani hanno dimora davanti alle radici della soglia «di là dal caos tenebroso». Dov'è pensato questo caos, sottoterra o all'occidente? Che il caos che compare qui sia la stessa cosa del *chasma* del v. 740 risulta chiaro dal fatto che sia qui ai vv. 807-10 che ai vv. 736-39 ricorrono i soliti tre versi con l'enumerazione delle scaturigini e dei confini; ma sono da porre vicini anche i vv. 726-28 nei quali compare l'accenno alle «radici della terra e del mare», e subito dopo si dice che «là gli dèi Titani sono celati». Ora, se teniamo presente che ai vv. 736-40 accade, come abbiamo già detto, che mentre la giustapposizione «di seguito» delle «scaturigini e dei confini» delle quattro parti del mondo presuppone una visione orizzontale, solo l'identificazione di queste col *chasma* permette al poeta di passare ad una verticale, dovremmo pensare che anche qui accade lo stesso: dopo l'enumerazione delle scaturigini e dei confini (vv. 807-10), e per di più con la descrizione della «soglia bronzea» che, come abbiamo detto, non può che presupporre una visione verticale, ci aspetteremmo che quel «di là dal caos» (*péren cháeos*) presupponesse una direzione verticale; ma *péren* non ha mai questo valore, né in Omero né in Esiodo, e si riferisce sempre alla direzione orizzontale. Come se non bastasse, al v. 816 i Centimani, custodi dei Titani, vengono detti abitare «sul fondo d'Oceano», e con questa idea il richiamo alle «scaturigini e ai confini» dell'estremità della terra, a una visione insomma orizzontale, è chiaro. Di conseguenza si dovrà concludere che neanche in questo v. 814 il poeta riesce a esprimere e a rappresentare compiutamente e coerentemente l'idea del caos come voragine. Anche in questi versi, dunque, non possiamo fare altro che constatare la solita intima commistione, che abbiamo riscontrato altrove, di elementi orizzontali e verticali.

820-868. La Tifonomachia (cfr. anche Appendice, Tifeo). La lotta contro il mostro Tifeo (ma il suo nome compare nella forma Tifone al v. 306) è l'ultima impresa di Zeus prima dell'introduzione definitiva del suo ordinamento nel mondo: solo dopo la sconfitta di Tifeo egli ripartisce gli onori e le competenze fra gli dèi (vv. 881 sgg.). Però questo medesimo gruppo di versi 881 sgg. presenta anche degli elementi che sono stati ripetutamente invocati per sostenere la non autenticità del brano su Tifeo; infatti il testo di Esiodo suona: «così, dopo che gli dèi beati ebbero compiuto la loro fatica / e coi Titani conclusa di forza la loro disputa d'onore, / allora invitarono a prendere il trono e il comando, / per i consigli di Gaia, l'olimpio Zeus dall'ampio sguardo / sugli immortali, e lui distribuì a loro gli onori». Quindi, si argomenta, al v. 810 si ignora la Tifonomachia e ci si rifà direttamente alla Titanomachia; pertanto la Tifonomachia rappresenta un'interpolazione che ha interrotto l'originaria sequenza del testo che vedeva i vv. 881 sgg. subito di seguito alla Titanomachia. La risposta a questa e ad altre argomentazioni volte allo stesso scopo è già stata data nei suoi elementi essenziali da West (comm. ad loc. p. 381) sfruttando anche osservazioni di altri studiosi: nella serie di eventi che vedono l'avvicendarsi di differenti divinità sul trono supremo è la Titanomachia che ha un significato perché è in seguito ad essa che una nuova generazione di dèi, con un nuovo re, prende il posto di quella precedente vinta, non la Tifonomachia che resta una prova che impegna Zeus soltanto. Certo, come è detto ai vv. 837 sgg., una mancata vittoria di Zeus avrebbe significato l'avvento di un nuovo re degli dèi, ma, come mostrano bene i miti paralleli orientali (soprattutto testimoniati da fonti ittite del XIII sec. a.C., ma derivanti da originali churriti ancor più antichi, del XVI sec. a.C.: cfr. West, *Hesiod Theogony*, cit. pp. 20 sg., F. Vian, *Le mythe de Typhée et le problème de ses origines orientaux*, in *Eléments Orientaux dans la religion grecque ancienne*, Paris 1960, pp. 17 sgg.), la tradizione sul mito di successione non contemplava Tifeo come pretendente ufficiale, ma la sua presenza costituiva solo l'occasione di una prova che l'ultima divinità salita sul trono doveva sostenere. In tal senso testimonia anche Apollodoro, *Biblioth.* I 6, 3, che dà anch'egli una versione del mito, seppure leggermente diversa, soprattutto per quanto riguarda lo svolgimento della lotta fra il dio e il mostro, ma nello stesso tempo più vicina ad un altro mito ittita relativo ad un altro combattimento del dio supremo, il Dio delle tempeste, contro un altro mostro, il drago Illuyankas. Anche il racconto di Apollodoro però narra un evento del tutto indipendente dalle vicende relative all'avvento di Zeus al trono. Pertanto, nel disporre l'episodio di Tifeo al di fuori e come elemento accessorio rispetto all'insieme degli eventi relativi al mito di successione, la *Teogonia* non fa che rispettare la tradizione orientale precedente e la circostanza non può essere invocata come prova della non autenticità del brano. Del resto, anche la caratterizzazione del tutto differente della figura di Tifeo-Tifone che distingue questo episodio dalla menzione che si fa del mostro nei vv. 306 sgg., dimostra che qui si segue un filone autonomo di tradizione.

L'andamento della battaglia — ed anche questo è stato notato ed utilizzato come argomento contro l'autenticità della Tifonomachia — è molto simile alla Titanomachia: descrizione dei partecipanti alla lotta eccetto Zeus (cfr. rispett. 665-77 e 823-35); gli effetti della lotta sugli elementi e le parti del mondo (rispett. 678-86 e 831-52); intervento e aristia di Zeus (rispett. 687-93 e 853-56); nuova descrizione degli effetti della lotta sugli elementi e le parti del mondo (rispett. 693-710 e 857-68). Infine, come appendice alla Tifonomachia, seguono i vv. 869-80 sui venti che nascono da Tifeo, la trattazione dei quali andrà considerata come un completamento di quella analoga, sempre sui venti, contenuta nei

vv. 378 sgg.: là si parlava solo di Zefiro, Borea e Noto, come se questi tre soltanto fossero i venti che spirano; qui si ha la precisazione che quei tre sono di stirpe divina, i venti che spirano regolarmente e che rappresentano un vantaggio per gli uomini; da Tifeo nascono invece i venti irregolari, quelli che portano distruzione. West (comm. ad loc. p. 382) nota molto opportunamente la somiglianza che unisce assai strettamente questo gruppo di versi ad alcune parti delle *Opere*: un Esiodo che si corregge, come qui nella *Teogonia* a proposito dei venti, che completa e precisa le sue costruzioni genealogiche, è tutt'altro che ignoto per noi e il tratto rappresenta uno dei suoi più caratteristici.

886-1022. Quest'ultima parte del poema, in cui il tratto più schiettamente catalogico è quello maggiormente accentuato, appare aver la funzione di completare e di precisare con alcune figure il pantheon così come era stato delineato finora nell'opera. Si tratta di precisare, come si è detto, oltre che di completare, perché, per es., di un evento come la nascita delle Muse (vv. 915 sgg.) eravamo già ampiamente informati (cfr. vv. 56 sgg.), però se ne parlava in una sezione diversa, come abbiamo visto, cioè nella parte innografica dell'opera, non, come qui, in un elenco ordinato delle unioni di Zeus e dei figli nati da queste. Considerati da tale prospettiva, dunque, fenomeni come questo non rappresentano volgari ripetizioni, bensì manifestazioni ulteriori di quello che potremmo definire il confluire in un'opera come la *Teogonia* di differenti contesti, come abbiamo visto accadere già nel proemio, ognuno con le sue esigenze di completezza e organicità, che il poeta sente di dover rispettare e soddisfare. D'altronde, l'opportunità di completare il pantheon fin qui delineato può forse dare ragione di certo disordine – ché altrimenti non sapremmo come chiamare il fenomeno – provocato dalla menzione delle unioni di alcune divinità che altrove non c'era stata occasione di inserire, come per es. quelle di Posidone e di Citerea (vv. 930-37) che interrompono la serie delle unioni di Zeus. È da notare ancora che questa inserzione dei vv. 930-37 su Posidone e Citerea assume anche un altro significato in quanto le unioni di cui si parla nella sezione immediatamente seguente (vv. 938-62) sono quelle in cui l'elemento femminile è rappresentato da una ninfa o da una mortale, e fra queste, com'è giusto, la prima menzionata è quella fra Zeus e Maia. Segue poi una sezione (vv. 965-1020) dedicata alle unioni fra dee e mortali; infine due versi, 1021-22, che rappresentano il passaggio al *Catalogo*.

L'opinione della critica è sempre stata incline a considerare non autentica quest'ultima parte dell'opera, anche se è mancata l'unanimità riguardo al punto in cui la fine della parte autentica dell'opera era da collocare. Anche West – seppure non appartenente alla schiera dei critici più propensi ad operare espunzioni – è dell'opinione che dal v. 901 in poi la *Teogonia* non sia più autentica e che un poeta molto più tardo di Esiodo abbia sostituito la parte finale dell'opera con quella che noi leggiamo attualmente. Gli argomenti su cui West si fonda sono i seguenti: 1) di carattere strutturale: cioè la fine della *Teogonia* quale noi l'abbiamo precede e prepara chiaramente il *Catalogo*; ora, dal momento che Esiodo non può aver composto il *Catalogo* così come era corrente nell'antichità, ne segue che la fine della *Teogonia* non può essere sua (pp. 48 sg.); 2) di carattere storico: cioè alcune figure e popoli di cui si parla nella chiusa della *Teogonia* non potevano essere noti ad Esiodo, ma solo ad un autore del VI sec. a.C.; si tratta della divinizzazione di Eracle, della nascita da Medea di Medeio, progenitore del popolo dei Medi, la nascita da Odisseo e da Circe di Latino, re degli Etruschi; 3) di carattere stilistico: cioè lo stile di questa parte dell'opera è piatto, compilatorio, spoglio, mentre Esiodo compone, non compila; si allude a cose presupposte come conosciute dall'ascoltatore, non si narra, e questo è un procedimento non esiodeo; 4) argomenti linguistici: il patrimonio espressivo è povero e monotono; vengono usate ripetutamente solo quattro formule per indicare il matrimonio e la nascita, formule che non compaiono altrove nella *Teogonia*, il che significa che si ha a che fare con un poeta che usava mezzi espressivi diversi da quelli di Esiodo. E vediamo ora il valore di questi argomenti. 1) la non autenticità del *Catalogo* West non la dimostra, la afferma, rimandando la dimostrazione ad un altro momento (p. 49 n. 1); ma ammettiamo pure che il *Catalogo*, così come circolava nell'antichità, non potesse essere autentico; ma in che cosa una diversità del *Catalogo* autentico – ammesso che catalogo fosse – coinvolgesse una diversità della chiusa della *Teogonia* né West lo dice né riusciamo ad immaginarlo; quindi l'argomento non ha valore; 2) argomenti storici. Che Esiodo non potesse conoscere ancora la divinizzazione di Eracle (di cui ai vv. 950-55) West lo ritiene comprovato dal fatto che *Od.* 11, 602-4 e il fr. 25, 8-13 M.-W. di Esiodo testimonierebbero in senso contrario in quanto i due luoghi erano condannati dalla critica antica, il primo perché gli scolî lo attribuiscono a Onomacrito, il secondo perché P.Berol 9777, che ci conserva il frammento, presenta questi versi, che affermano appunto la divinizzazione di Eracle, segnati con l'obelo. Diamo pure per accettabile la condanna del luogo dell'*Odissea*, ma per quanto riguarda il fr. 25 di Esiodo non si capisce perché si debba, riguardo agli obeli, privilegiare la spiegazione della loro presenza per motivi di non autenticità piuttosto che per il fatto che i medesimi versi comparivano anche nel fr. 229, 10 sgg., che era la spiegazione proposta da Lobel; e poi, anche ammettendo che gli antichi condannassero questi versi del fr. 25 come non autentici, chi dice che il motivo della non autenticità lo individuassero nel fatto che vi appariva Eracle divinizzato? Insomma si ha la sensazione che negare ad Esiodo la conoscenza della divinizzazione di Eracle quando testimoniano in contrario il fr. 229, 6-9, questo luogo della *Teogonia*, l'*Inno omerico* XV 7-8 sia nient'altro che una *petitio principii*. Per quanto riguarda l'ignoranza che i Greci avrebbero avuto dei Medi (a proposito della menzione del loro capostipite al v. 1001) e degli Etruschi (a proposito di v. 1016), ignoranza che avrebbe avuto termine rispettivamente nel 553 o 549 a.C. e nel 550 circa, forse *praestat tacere*: West ragiona come se tutti i progressi che l'archeologia e la storia hanno fatto negli ultimi cinquant'anni riguardo alla molteplicità di contatti che i Greci avevano avuto da sempre con l'Oriente e l'Occidente non esistessero; 3) argomenti stilistici: dal v. 901 in poi Esiodo, dice West, non compone, compila, allude a fatti senza narrarli, e questo non è del suo stile, e cita i casi dei vv. 951 e 954 dove si allude alle fatiche di Eracle, e del v. 994 dove si allude all'impresa degli Argonauti. Per quanto riguarda l'accusa di compilare, va detto che rammentando dei personaggi, le loro unioni e la loro prole qui Esiodo compila molto meno di quando elencava i cinquanta nomi delle Nereidi o quelli delle Oceanine. Infine il fatto che Esiodo alluda alle imprese di Eracle e a quella degli Argonauti senza narrarle appare la cosa più naturale e il pensare il contrario è del tutto assurdo: infatti narrare le imprese di Eracle o quella degli Argonauti avrebbe significato comporre due poemi, e tutto ciò all'interno della *Teogonia*!; 4) argomenti linguistici: West nota che in questa parte della *Teogonia*, che costituisce il punto di passaggio al *Catalogo* e del *Catalogo* ha assunto ormai alcune delle movenze, Esiodo adopera un patrimonio espressivo che preannuncia la nuova opera; ma questo, ad una considerazione non viziata da preconcetti, può apparire piuttosto frutto di abilità consumata e di consapevole scelta, non testimonianza di non autenticità. Con tutto ciò, intendiamoci, non vogliamo assolutamente esprimere la convinzione che questa parte finale della *Teogonia* sia così come uscì dalla mente di Esiodo, ma soltanto che argomenti di tal genere non sono assolutamente adeguati a dimostrarne la non autenticità.

886-891. La maniera truculenta in cui Zeus si comporta nei confronti di Meti rappresenta l'ultimo atto di acquiescenza da parte del dio nei confronti delle leggi che regolavano i modi di successione degli dèi al trono di re; l'unico modo di interrompere questa catena di violenza consiste evidentemente nel compiere ancora un atto violento.

901-903. C'è qui un gioco di parole Ὥρας-ὠρεύουσι che sembra aver il valore di una derivazione etimologica. Delle tre figure qui elencate, Dike, Eirene, Eunomie, solo la prima sarà destinata ad avere grandissima importanza nelle *Opere*.

904. Le Moire al v. 217 compaiono come figlie di Notte; sul possibile significato di questa duplice genealogia cfr. Introduzione p. 35.

962-963. Il vero significato di questi due versi, e in particolare del secondo, è stato definitivamente guadagnato da Carl Robert in un lavoro del 1905 (*Zu Hesiods Theogonie*, ora ristampato in *Hesiod*, Wege der Forschung XLIV cit. pp. 153 sgg.). Nel porre queste parole alla fine dell'opera e prima di iniziare il catalogo delle dee unitesi con i mortali, Esiodo saluta il mondo quale si presenta nella sua disposizione e nel suo ordinamento attuale, dopo che le varie entità cosmologiche e divine delle precedenti generazioni hanno perduto il loro ruolo e la loro importanza; ora contano solo gli Olimpî e, fra le entità fisiche, non più Urano o Tartaro o Caos, ma la terra, le isole e il mare che si stende fra di loro.

979-983. La nascita e la morte di Gerione sono state già dette ai vv. 287-94. È difficile vedere i motivi di questa ripetizione, né, data appunto la presenza dei vv. 287-94, si capisce il motivo per cui potrebbero essere stati interpolati. La spiegazione più plausibile resta a nostro avviso quella a cui si è accennato a proposito dei vv. 886-1022 e per la quale il contesto costituito dal catalogo delle dee unitesi a mortali doveva presentarsi nella sua completezza prescindendo dal fatto che il medesimo dato era stato già fornito in un contesto differente.

993-1002. Si narra la vicenda di Giasone (qui indicato come il figlio di Esone) e di Medea (qui indicata come la figlia di Aiete). Il re Pelia, usurpatore del trono di Iolco, ben sapendo che Giasone, al quale quel trono spettava per diritto ereditario, sarebbe stato una minaccia per lui, lo mandò a compiere l'impresa del vello d'oro con la speranza che in quella perdesse la vita.

1011-1016. Il fatto che i figli nati da Odisseo e da Circe regnino sui Tirreni è la prova che Esiodo, o, se si vuole, l'interpolatore di questa parte del poema, localizzava in occidente questa parte almeno delle avventure di Odisseo. L'opinione comunemente diffusa che nell'*Odissea* la dimora di Circe sia da collocare invece in oriente non va esente da obbiezioni (cfr. G. Arrighetti, *Cosmologia mitica di Omero e Esiodo* cit., pp. 146 sgg.). Comunque questi versi della *Teogonia* rappresentano il primo tentativo a noi noto di dare una collocazione alle avventure di Odisseo.

1021-1022. Questi versi costituiscono l'inizio del *Catalogo* come, fra l'altro, è stato comprovato da un papiro che ci ha conservato appunto l'inizio di quest'opera: cfr. Esiodo fr. 1 M.-W. La brevità di questa nuova invocazione alle Muse, sul tipo di quella dei vv. 965-68, dimostra che il *Catalogo* non era stato concepito come un'opera a sé stante ma piuttosto come una continuazione della *Teogonia*.

APPENDICE

TIFEO* (CFR. NOTE A VV. 820-868)

Il mito ittita di Ullikummi comporta una serie di problemi in quanto le vicende di questo essere mostruoso, che nasce creato dalle antiche potenze divine allo scopo di abbattere il regno del Dio delle tempeste, mostra un'indubbia affinità – del resto già abbondantemente riconosciuta e segnalata – con un episodio delle vicende di Zeus diffuso in tutta la grecità: da Omero e Esiodo al Pseudo Apollodoro, da Eschilo e Pindaro a Nonno di Panopoli[1].

Che la figura di Tifone o Tifeo avesse origine orientale, o come minimo mostrasse evidenti motivi di somiglianza con figure e episodi delle mitologie egiziana, sumerica, babilonese era cosa

* Per l'oscillazione del nome Tifone-Tifeo, rimandiamo alle ultime pagine di questa Appendice. Se i Greci avevano un loro mito riguardante un dio dei venti e delle tempeste e poi questo mito fu unificato con quello simile orientale, niente di strano che si sia mantenuta una duplicità di nomi: Tifone per indicare il mostro di cui si parla ai vv. 306 sgg., unitosi con Echidna, e Tifeo per l'essere generato da Gaia e assimilato al personaggio dei miti orientali. Per il testo ittita a cui si farà riferimento nelle presenti pagine cfr. H.G. Güterbock, *The Song of Ullikummi*, in «Journ. Cun. Stud.» 5 (1951) e 6 (1952). Le citazioni verranno fatte sulla base delle pagine di questa edizione tradotte dall'inglese della traduzione di Güterbock.

[1] Benché, come è stato notato giustamente da P. Walcot in «Class. Quart.» 50 (1956) p. 200, si sia andati forse troppo oltre nella ricerca di somiglianze fra miti orientali e Esiodo; ciò, a dire il vero, più da parte di filologi classici che di orientalisti.

ormai constatata da tempo[2], ma è stata la decifrazione dei testi cuneiformi ittiti con la scoperta di ulteriori somiglianze coi miti greci che, come si è detto, ha riproposto con attualità il problema. A questo proposito la prima osservazione che viene naturale di fare è che le coincidenze e le somiglianze fra le varie versioni del mito greco coi corrispondenti miti orientali si fanno tanto più evidenti quanto più tardi sono i testi greci. Che valore dare a questo fatto? Se si pensa che la fonte del Pseudo Apollodoro (*Bibl.* I, VI 3) è con tutta probabilità ellenistica[3], e che quella di Nonno è Pisandro di Laranda[4] (III sec. d.C.) e che sovente queste tarde fonti danno l'impressione di voler spiegare quanto in Esiodo era rimasto oscuro o contraddittorio (che è una cosa già osservata da altri[5]), ne verrà di conseguenza che questa circostanza avrà poco peso ai fini di questa ricerca, e riguarderà soltanto il problema delle fonti di questi tardi autori greci. Per cui veniamo a Esiodo.

Nella *Teogonia* l'episodio di Tifeo è stato considerato in un passato anche piuttosto recente come una maldestra interpolazione; tarda, secondo Wilamowitz[6] che la fa addirit-

[2] Cfr., della letteratura più vecchia, per es. G.F. Schoemann, *Opuscula* II, pp. 371 sgg.; per ulteriori indicazioni bibliografiche cfr. G. Zuntz in «Mus. Helv.» VIII (1951) pp. 28 sgg.; F. Vian, *Le mythe de Typhée et le problème de ses origines orientaux*, in *Eléments orientaux dans la rel. grecque ancienne*, Paris 1960, pp. 17 sgg.

[3] Cfr. R. Pfeiffer ap. Zuntz «Mus. Helv.» 1951 cit., p. 31 n. 142. Ma di parere diverso sono Dornseiff e, sulle sue tracce, G. Seippel, *Der Typhonmythos* in «Greifsw. Beiträge» 24 (1939), ricerca che però mostra troppo chiaramente l'intento per cui è stata condotta, che è quello di difendere e confermare le posizioni di Dornseiff. Per cui sia detto qui subito che non condividiamo il metodo seguito da questi due studiosi di attribuire ad una precedente titanomachia del VII sec. l'origine di tutte le diversità riscontrabili in altri autori greci rispetto ad Esiodo; una titanomachia della cui esistenza l'indizio sicuro sarebbero le parole di uno scolio ad Apollonio Rodio I 554.

[4] Cfr. R. Keydell in *RE* XVII 906.

[5] W. Staudacher, *Die Trennung von Himmel und Erde*, Tübingen 1942, pp. 64-65; H. Schwabl in «Gymn.» 62 (1955) p. 536, che avanza sagge e acute considerazioni sul conto in cui tenere i mitografi nei confronti di autori come Esiodo che del mito si servono come mezzo espressivo e categoria di interpretazione della religione e del mondo fisico.

[6] *Herakles*[2] III 1959, p. 257, il quale rimanda a Partsch, *Geologie*

tura posteriore all'epoca del rilievo dell'Acropoli (570 circa) che rappresentava la lotta di Zeus e Eracle contro Tifeo e Echidna, basandosi sul fatto che nel fregio non compare nessun elemento che presupponga l'interpretazione di Tifeo come causa di fenomeni vulcanici, mentre invece una decisa caratterizzazione in tal senso sarebbe riscontrabile nell'episodio della *Teogonia*; al VII secolo pensava Dornseiff[7] seguito da Worms[8]. E tanto più degna di considerazione è la tesi di quest'ultimo studioso in quanto riesce nella sua ricerca a dimostrare inconsistenti molti dei motivi di perplessità che l'episodio esiodeo pareva suscitare e sui quali ci si era fondati per provarne la non autenticità, e riconosce ad esso una certa sua logica interna che consiglia di considerare senz'altro come esagerato il giudizio decisamente negativo espresso da tante parti a proposito delle capacità tecniche e artistiche dell'autore di esso; e poi mette in luce anche elementi che permettono di considerare come sicuramente antica questa interpolazione. E si potrebbe dire che, per chi non si pone come scopo di ritrovare il «vero» Esiodo, un brano di poesia, anche se falsamente attribuito al poeta di Ascra, ma tuttavia di antichità così veneranda, è sempre degno della massima considerazione; e questa considerazione diventa ancor più doverosa dopo che, sempre Worms, ha notato come lo stile in sé e la tecnica con cui l'episodio è narrato non hanno nulla di non esiodeo, e che sia questo che l'episodio ad esso stilisticamente più vicino, la *Titanomachia*, appartengono a un tipo fisso di descrizione di battaglie[9]. A ciò poi si deve aggiungere che l'argomento del mito è tipicamente esiodeo, tanto che non si immagine-

und Mythologie in Kleinasien in «Philol. Abhandl. M. Herz» 1888, pp. 105 sgg.

[7] *Die archaische Mythenerzählung*, Berlin 1933, p. 23.

[8] «Hermes» 81 (1953) p. 41. Per la verità recentemente si è levata più di una voce in difesa dell'autenticità dell'episodio: cfr. M. van der Valk, in «Mnem.» IV S. VI (1953) pp. 279 sgg.; H. Schwabl, in «Hermes» XC (1962) pp. 122 sgg.; M.C. Stokes, in «Phronesis» 7 (1962), pp. 33 sgg.

[9] «Hermes» 1953 cit., p. 34.

rebbe in quale altra sfera di interessi avrebbe potuto rientrare, se non in quella che in lui e nella sua poesia teogonica ebbe come il centro. La figura di Tifeo inoltre doveva esser tutt'altro che ignota in Beozia, se questa è l'unica regione della Grecia nella quale sia attestata l'esistenza di una località che porta tale nome[10]. Quindi, risalga all'Esiodo genuino o agli epigoni esiodei, l'episodio di Tifeo quale ci appare nella *Teogonia* può ben essere considerato con tutta l'attenzione che le opere esiodee meritano.

Al di là di esteriori analogie però, a ben guardare, la figura di Ullikummi in sé non ha molto in comune col mostro della *Teogonia*: si tratta di un essere che minaccia non solo il potere del Dio delle tempeste, ma anche tutti gli altri dèi, praticamente col suo solo esistere e col suo crescere con velocità spaventosa: cfr. pp. 23, 22 sgg., 25 sgg.; il dio Sole del cielo infatti si impaurisce di lui al solo vederlo: cfr. p. 25, 33 sgg., e p. 26 per il modo di comportarsi di questo dio quando va dal Dio delle tempeste ad avvertirlo della novità; p. 31, 23 per la reazione che suscita nel Dio delle tempeste la vista del mostro. Noi abbiamo perduto purtroppo, del testo ittita, la parte riguardante la duplice lotta che il Dio delle tempeste combatteva contro il mostro, la prima senza successo (cfr. p. 37), e quella finale che doveva concludersi con la vittoria definitiva del Dio delle tempeste, e quindi

[10] Τυφαόνιον ὄρος; cfr. *Scutum* 32; Wilamowitz, *Der Glaube der Hellenen* I 1956, p. 260 n. 4; Vian, *Le mythe* cit., pp. 21 sg.; J. Fontenrose, *Python*, Berkeley 1959, pp. 78 sg. È questo un dato della massima importanza; che da ciò si debba «*schliessen auf eine böotische Lokalsage*» (Wilamowitz, *Glaube* cit.) è un'altra cosa, e anche a questo proposito non si ha che da richiamare le acute osservazioni di O. Gruppe riportate a proposito delle varie località che recavano il nome di Atlante. Per cui questi dati attestanti una certa fortuna in Beozia del mito di Tifeo possono anche non essere in contrasto con le notizie offerte da fonti più tarde che pongono il mostro in Misia o altrove. La ricerca di una più precisa localizzazione del mito in oriente come sede della lotta contro Zeus, e in occidente come sede del mostro una volta abbattuto, può essere stata originata in autori più tardi da un più cosciente rifarsi all'origine orientale della figura e alle prime esperienze di fenomeni vulcanici propri dell'Italia Meridionale.

non siamo in grado di sapere come si concretasse la maniera di lottare da parte del mostro: se in un passivo resistere all'attacco del Dio delle tempeste, oppure in un recare a sua volta attivamente danno al suo nemico. Certo è che una qualsiasi offesa da parte del Dio delle tempeste contro di lui avrebbe dovuto consistere nell'interromperne la crescita fino ad arrivare al cielo e alla sua città Kummiya, perché Ullikummi non è un essere che possa muoversi, e raggiunge luoghi diversi da quello in cui sta solo ingrandendosi, aumentando la sua mole; e in questo senso andrà inteso anche l'espediente escogitato dal dio Ea per vincere il mostro, quello di isolarlo, tagliandolo «sotto i piedi» con l'antico arnese con cui furono violentemente divisi cielo e terra (cfr. p. 47, 48 sgg.). Ciò, mi pare, non può essere spiegato che in un solo modo: Ullikummi trae la sua forza dal luogo dove è posto, e ciò presuppone la sua immobilità. Se a questo si aggiunge che è definito come sordo e cieco si capirà quale deve essere il suo modo di lottare: una capacità di rimanere invulnerabile[11].

Invece la figura di Tifeo di Esiodo non ha, né nell'aspetto, né nella maniera di combattere, quasi nulla che la accomuni con Ullikummi. Tifeo è un mostro semiumano, armato di fuoco, in grado di suscitare tempeste [12], esso ha braccia ἐπ'ἰσχύι ἔργματ'ἔχουσαι, e i suoi πόδες sono ἀκάματοι, e emette suoni bestiali: talora di toro, talora di leone, talora di cane. Come spesso in queste figure semiumane è la parte bestiale che ha il sopravvento, però niente di simile all'opaca immobilità del mostro di pietra del mito orientale.

E allora? In realtà qualche punto di contatto fra Ullikummi e Tifeo c'è, ma non nella figura, bensì nelle circostanze nelle quali viene a svolgersi il ruolo dei due mostri. Il primo elemento in comune è rappresentato dal fatto che

[11] Cfr. Vian, *Le mythe* cit., p. 34.

[12] Sulla interpretazione da dare dei versi 845-46 cfr. Worms, *art. cit.*, p. 30.

ambedue sono generati da divinità appartenenti a una generazione soppiantata dai nuovi dèi[13].

Però, anche in questo caso, appena rilevata questa somiglianza balzano subito alla luce le differenze: Kumarbi dichiaratamente genera il mostro di diorite per vendetta, ma perché Gaia generi Tifeo non sappiamo. O meglio, fonti più tarde danno una spiegazione del fatto, ma, come abbiamo detto, tali spiegazioni hanno il carattere di tentativi di giustificazione *a posteriori*[14]: nello scolio a *Iliade* B 783 (p. 337, 38 sgg. Erbse) è detto che Gaia, adirata contro Zeus per la sconfitta dei Titani, induce Era a mettersi contro lo sposo e a generare con il concorso di Crono e di Gaia stessa il mostro che dovrà detronizzare il re degli dèi; nell'*Inno ad Apollo* 305 sgg. è Era adirata contro Zeus per la nascita di Atena, e allora, con il concorso di Gaia, Urano e i Titani genera Tifeo; e a stare all'*Etimologico Magno* 772 49 (239 *PMG*) anche Stesicoro aveva fatto Era genitrice di Tifeo. Worms nota giustamente in tutte queste differenti versioni del mito della nascita di Tifeo un deciso tratto comune: l'intervento delle antiche divinità spodestate: Gaia, Urano, Crono, i Titani. È stato osservato anche che in tutto il pensiero religioso arcaico greco la minaccia del primigenio mondo delle tenebre contro gli Olimpî è sempre in agguato, e da questo presupposto si può far derivare l'episodio di Tifeo, ma con ciò a noi pare che il problema sia piuttosto spostato che risolto. Resta infatti sempre da chiedersi perché sarebbe Gaia ad assumersi questo ruolo di suscitatrice di minacce contro il nuovo ordine stabilito dagli dèi olimpi. In altri termini: può Gaia assumere un aspetto di potenza sconfitta e sottomessa da Zeus talché un qualsiasi atto di vendetta da parte sua possa esser giustificato?

[13] Kumarbi, eccetto che nel nostro testo, è identificato con Enlil, certamente un dio dell'antica generazione: cfr. H.G. Güterbock, *Kumarbi, Mythen vom churritischen Kronos*, Istambuler Schriften 16, 1946, p. 94.

[14] Vedile riportate da Schmidt in *Roscher Lex.*, *s.v.* 1428-29; Worms, *art. cit.*, p. 41.

Ricordiamo a questo proposito che uno dei risultati più veri e interessanti delle ricerche di Paula Philippson sulla *Teogonia* è quello di aver messo bene in chiaro che nel sistema genealogico di Esiodo le entità generatrici conservano immutata la loro pienezza di essere anche quando le loro singole modificazioni si staccano da esse sotto forma di prole. Questa prole rappresenta infatti «l'esplicazione dell'essere delle divinità genitrici, vale a dire le loro modificazioni particolari»[15]. A noi non interessa entrare nel merito del problema dell'importanza e del rilievo che avrebbe avuto nel *pantheon* della primitiva religione greca la figura della *terra mater*[16]; ci basta constatare un fatto che risulta chiaro agli occhi di ogni lettore della *Teogonia*: in Esiodo Gaia assume un ruolo di importanza tale quale non aveva certo in Omero[17]. Se c'è una potenza che abbia esaltate al massimo le sue capacità generatrici, questa è Gaia: essa è πελώρη[18], secondo una frequente aggettivazione esiodea, cioè prodigiosa. In qual senso si capirà facilmente, ponendo mente al fatto che nella *Teogonia* compare appunto come potenza generatrice; e non è da meravigliarsi se πελώρια sono anche gli esseri da lei generati. Niente di strano quindi in una circostanza che è parsa strana a tanti, cioè che Gaia, che altrove sembra essersi mostrata propizia a Zeus salvandolo da Crono (vv. 479-86), o consigliando agli altri dèi di eleggere Zeus loro re (v. 884), qui avrebbe generato un mostro che minaccia Zeus[19]. Ed è proprio in questo che il pro-

[15] P. Philippson, *Origini e forme del mito greco*, trad. ital., Torino 1949, p. 48 sg.

[16] Cfr. l'opera classica di Dieterich, *Mutter Erde*³ (rist. Darmstadt 1967), pp. 36 sgg. per quanto riguarda in particolare Esiodo, e, dietro di lui, Wilamowitz, *Der Glaube* cit., pp. 198 sgg.; W.F. Otto, *Gli dei della Grecia*, trad. ital., Firenze 1944, pp. 191 sg.; J.V. Kopp, *Das physikalische Weltbild d. frühen gr. Dichtung*, Freiburg/Schw. 1939, pp. 27 sgg. e soprattutto pp. 30 sg.; ma, *contra*, M. Nilsson, *Gr. Rel.* I, pp. 427 sgg. e, per Terra come dispensatrice di oracoli, p. 159.

[17] Cfr. Kopp. *op. cit.* ibid.

[18] Cfr. *Teogonia* 159, 173, 479. 505, 731, 821, 858, 861.

[19] Mazon, ed. Pref. p. 15; Jacoby, ed. pp. 19 sg.; F. Solmsen, *Hesiod and Aeschylus*, Ithaca, N.Y. 1949, p. 53 n. 172.

blema dell'atteggiamento di Gaia verso Zeus ha il suo punto centrale[20]. Non si può, da queste antiche divinità del *pantheon* esiodeo, pretendere quel tipo di coerenza di atteggiamenti, quella umanizzazione del sentire che è possibile trovare negli dèi dell'Olimpo omerico. Se volessimo applicare questi schemi di giudizio dovremmo ugualmente scandalizzarci del fatto che Urano, insieme a Gaia, mette sull'avviso Crono, che l'ha castrato e detronizzato, a proposito del fatto che uno dei suoi figli dovrà a sua volta detronizzarlo (vv. 463 sgg.); oppure del consiglio che Gaia dà a Zeus di liberare i Centimani per vincere la lotta contro i Titani suoi figli (vv. 624 sgg.). Zeus, sì, saprà assumere atteggiamenti che potrebbero rispecchiare coerenti sentimenti di riconoscenza, per esempio nel tributare onori particolari a Ecate e ai suoi figli (vv. 383 sgg.), o nel porre i Centimani a guardia dei Titani vinti (vv. 734 sg.). Ma con Zeus siamo nel mondo dei nuovi dèi, gli dèi olimpi.

La coppia Urano-Gaia, gli antichi progenitori delle stirpi divine, anche dopo l'avvento dei nuovi dèi, continuano a mantenere, Gaia almeno, quasi intatte le loro prerogative; Gaia soprattutto, perché Urano dopo la castrazione non esplica più attività generatrice, e rimane attivo, associato alla sposa, come divinità saggia che dà consigli. Non però solo a chi essa predilige o ama, ma li dà perché è sua prerogativa darli[21]. E quando c'è bisogno di una divinità che crei un essere πελώριον, tanto forte da minacciare il regno di Zeus, chi poteva assolvere questo compito, forse la coppia Forci-Ceto? Questa genera mostri terribili, sì, ma tali da poter esser vinti da eroi come Eracle o Perseo o Bellerofon-

[20] Cfr. Walcot «Class. Quart.» 1956 cit., p. 199.

[21] Cfr. Schwabl, *Die gr. Theogonien und der Orient*, in *Eléments orientaux* cit., p. 51: «*eine Funktion die bei Gaia ganz organisch ist*». Urano e Gaia compaiono uniti anche nel consigliare Zeus nell'ingoiare Meti (*Teog.* v. 892). L'idea, peraltro non approfondita, che Gaia nel generare Tifeo non fosse mossa da alcuno stimolo di vendetta nei confronti di Zeus è stata avanzata da van der Valk, «Mnem.» 1953 cit., p. 282; cfr. anche Stokes, in «Phronesis» 1962 cit., p. 33.

te. Solo Gaia aveva generato i Titani e i Centimani, esseri che, bene o male, potevano porsi sullo stesso piano di Zeus come nemici o alleati rispettivamente. E una contraddizione non è nemmeno rappresentata dal fatto che Gaia dia ricetto a Zeus bambino: essa, fra le altre prerogative, ha quella di essere πάντων ἕδος ἀσφαλὲς αἰεί (v. 117) al pari di Urano, e l'aver accolto Zeus non è lecito interpretarlo come atto di particolare favore.

Altra difficoltà è sempre stata rappresentata dal fatto che Tartaro, padre di Tifeo, comparirebbe solo qui personificato, mentre poco sotto, nello stesso episodio, compare come località[22]. Ma non succede lo stesso per Erebo, che al v. 125 compare personificato, nei confronti dei vv. 515 e 669?[23]. Una volta che Urano ha perduto la possibilità di generare, con quale delle primigenie entità poteva unirsi Gaia se non con Tartaro, per dare vita al mostro Tifeo?

Quindi dovremo concludere che nella nascita di Tifeo in Esiodo manca un motivo di importanza fondamentale che invece caratterizza quella di Ullikummi: la vendetta; Tifeo – almeno in Esiodo – non è uno strumento di rivalsa delle antiche divinità spodestate.

Un tratto invece che accomuna l'episodio di Tifeo con quello di Ullikummi è, come ha visto giustamente F. Vian[24], la maniera di reagire di Zeus e del Dio delle tempeste non appena vengono a sapere dell'esistenza del mostro. In tutti e due i miti paralleli il primo a iniziare la lotta è il dio, conscio del pericolo insito nell'esistenza stessa dell'essere prodigioso, anche senza aver avuto nessuna notizia degli intendimenti minacciosi di esso[25]. Ed è in tal modo che si può forse spiegare la stranezza di quell' ἤματι κείνῳ di *Teogo-*

[22] Cfr. Jacoby ed., pp. 20, 5 sgg., 23, 11 sgg.; Worms, *art. cit.*, p. 43; a meno che, con alcuni editori, non si espunga il verso.
[23] Su questo problema cfr. Schwabl, «Gymn.» 1955 cit., p. 538.
[24] *Le mythe* cit., p. 33.
[25] Per il *Canto di Ullikummi* cfr. 27 sgg.

nia 836, non certo agevole a giustificarsi[26]. Vian, appunto in riferimento al *Canto di Ullikummi*, intende: «*on devine que si le monstre avait pu grandir assez il aurait été invincible*»; quindi ἤματι κείνῳ si riferirebbe al giorno della nascita di Tifeo, come del resto anche Worms pensava[27].

Resta invece insoluto un problema, sia nel *Canto di Ullikummi* che nella *Teogonia*: il perché e il come, da parte dei due dèi, della istantanea consapevolezza del pericolo rappresentato dai mostri per il loro regno.

Un altro elemento tale da stabilire una somiglianza non fra le due figure di mostri prese in sé, ma inquadrate piuttosto nell'ambiente e nelle circostanze in cui esse operano, è questo: Tifeo e Ullikummi coinvolgono nella loro minaccia non solo Zeus e il Dio delle tempeste rispettivamente, ma tutti gli dèi. Per Ullikummi, nonostante sia combattuto e vinto dal solo Dio delle tempeste, a p. 19, 24 s. da parte di Kumarbi vien detto:

> tutti gli dèi giù dal cielo come uccelli disperderà
> e come vuoti vascelli li frantumerà[28];

e poi a p. 49, 19 si dice di tutti gli dèi che

> contro Ullikummi, il kunkunuzzi,
> come tori cominciarono a muggire.

Di tutto ciò in Esiodo non c'è molto; a v. 837 è detto che καί κεν ὅ γε θνητοῖσι καὶ ἀθανάτοισι ἄναξεν e Eschilo (*Prom.* 354 πᾶσι δ' ἀντέστη θεοῖς) e Pindaro (*P.* I 15 θεῶν πολέμιος) precisano con molta maggior

[26] Cfr. Schoemann, *Opuscula* II cit., pp. 352 sg.; Worms, «Hermes» 1953 cit., pp. 42 sg.
[27] «Hermes» 1953 cit., p. 43.
[28] È da notare che ciò è particolarmente detto per tutti gli dèi eccetto che per il Dio delle tempeste perché poco sopra (r. 21 sgg.) a proposito di lui, Kumarbi dice che egli «lo colpirà, lo farà a pezzi come un mortale e come una formica lo schiaccerà coi suoi piedi».

chiarezza il dato[29]. Anche in questo caso, come, e forse più che nel precedente, il dato offerto da Esiodo è espresso quasi *en passant*, senza alcun rilievo; eppure non è cosa di poca importanza perché da esso consegue: 1) alla lotta contro Tifeo non è interessato solo Zeus, ma anche tutti gli altri dèi, e in fondo rappresenta una strana circostanza la mancanza di qualsiasi loro intervento in essa; 2) la lotta di Tifeo contro Zeus non è fine a se stessa, ma in vista del dominio che una vittoria darebbe su dèi e uomini. Ed ecco allora, nell'esteriore somiglianza, nuovamente in luce un motivo che distingue decisamente Tifeo da Ullikummi: questo ha il compito solo di distruggere e uccidere, quello vuole regnare al posto di Zeus. E tale constatazione ci dimostra anche quanta differenza ci sia fra le notizie offerte da Eschilo e Pindaro nei confronti di Esiodo: πᾶσι δ' ἀντέστη θεοῖς e θεῶν πολέμιος non vogliono dire che Tifeo aveva per scopo di ἀνάσσειν θνητοῖσι καὶ ἀθανάτοισι. Eschilo e Pindaro mostrano piuttosto di essere maggiormente vicini alla versione di Pseudo Apollodoro (*Bibl.* I VI 3: θεοὶ δ'ὡς εἶδον αὐτὸν ἐπ' οὐρανὸν ὁρμώμενον, εἰς Αἴγυπτον φυγάδες ἐφέροντο καὶ διωκόμενοι τὰς ἰδέας μετέβαλον εἰς ζῷα); anche qui dunque è chiaramente detto che Tifeo insegue anche gli altri dèi, benché, neanche qui, gli altri dèi prendano parte alla lotta.

C'è infine un elemento riguardante più da vicino il problema della posizione dell'episodio di Tifeo nella *Teogonia* che può trovare una spiegazione nel mito di Ullikummi. In fondo la posizione di questo avvenimento dopo la battaglia contro i Titani ha sempre provocato un certo disagio, so-

[29] Non è dunque che nella *Teogonia* non si accenni ad una battaglia contro tutti gli dèi, come voleva von Mess, in «Rh Mus.» 1901 cit., p. 170. Anche la sua idea di una comune derivazione esiodea di Eschilo e Pindaro non ha riscosso unanimi consensi: cfr. per es. Vian, *Le mythe* cit., p. 20. Dell'opinione che l'accenno di Eschilo a Tifeo dipenda strettamente dall'interpolazione della *Teogonia* è Solmsen, *Hesiod and Aeschylus* cit., p. 131.

prattutto a causa di quella ripresa dei vv. 881-85 che ignora l'episodio di Tifeo per rifarsi direttamente alla *Titanomachia*[30]. Anche recentemente quel fine e acuto critico del problema che è F. Vian condivideva l'imbarazzo[31]. Un tentativo di giustificare la posizione dell'interpolazione compiva Schoemann[32]. Egli notava come in nessun altro luogo della *Teogonia* avrebbe potuto essere inserita l'interpolazione di Tifeo, dato che la commessura del poema e la concatenazione degli elementi che lo compongono non lo permettevano. Ma con il precedente del mito di Ullikummi noi possiamo procedere un grado oltre a quello a cui era giunto Schoemann: possiamo dire che se il mito ittita ha avuto, come ha avuto, una qualche influenza su quello di Tifeo, il racconto della nascita e della lotta del mostro contro Zeus non poteva che esser posto qui, dopo la lotta contro Crono e i Titani, così come il mito orientale trattava del mostro Ullikummi dopo la cacciata di Kumarbi e l'insediamento del nuovo re degli dèi.

È probabile che prima di Esiodo (o, se si vuole, dell'interpolatore) l'episodio della lotta di Zeus contro Tifeo non avesse un posto preciso nella serie delle imprese compiute dal re dell'Olimpo per stabilire il suo regno, ma che si trattasse unicamente di una versione del tanto diffuso motivo della lotta del dio contro un drago. Solo in seguito al poderoso sforzo di sistematizzazione che la *Teogonia* rappresentò ne trovò uno, non senza l'influenza del mito ittita[33].

[30] Cfr. Schoemann, *Opuscula* cit., pp. 367 sg., 492 sg.; F. Schwenn, *Die Theogonie des Hesiodos*, Stuttgart 1934, p. 42.

[31] *Le mythe* cit., p. 33.

[32] *Opuscula* cit., p. 493.

[33] Rimane la difficoltà, a cui si accennava, rappresentata dalla ripresa dei vv. 881-85. Comunque è da tener presente la sensata osservazione di Schwabl, *Gr. Theogonien* cit., pp. 52 sg., e cioè che se il presunto interpolatore non ha avvertito il bisogno di operare una sutura dove la sua inserzione rompeva la continuità del testo (v. 881), ciò è dovuto al fatto che l'episodio di Tifeo era sentito come strettamente legato alla *Titanomachia* in quanto, se non altro, Gaia è madre sia dei Titani che di Tifeo. Si tratta in altre parole dell'applicazione a questo caso particolare della

Quanto abbiamo detto ci pare tutto quello che è possibile stabilire circa le somiglianze e le differenze fra Ullikummi e Tifeo. Ma un altro mito ci hanno tramandato i testi ittiti che narra la lotta del Dio delle tempeste contro un mostro, il drago Illuyanka[34]. Il testo che ci conserva il mito rappresenta una specie di canto in onore del Dio delle tempeste in occasione della festa chiamata Purulli, che probabilmente celebrava l'inizio del nuovo anno[35]. È arrivato a noi in due versioni, una più antica e l'altra più recente:

Versione antica[36]:

Queste sono le parole di Kellas, l'unto del Dio delle tempeste di Neri. Quanto segue è la leggenda che riguarda il culto della festa di Purulli del Dio delle tempeste del cielo [la versione che] non si racconta più.

Possa la terra fiorire ed essere rigogliosa! Possa la terra essere ben protetta! Se essa fiorisce e prospera si celebrerà la festa di Purulli.

Quando il Dio delle tempeste e il drago Illuyanka vennero alle prese a Kiskilussa, il drago Illuyanka vinse il Dio delle tempeste.

Il Dio delle tempeste implorava tutti gli dèi: «Venite in mio aiuto! Che Inaras prepari una festa!».

Essa preparò ogni cosa in grande abbondanza: anfore di

considerazione generale avanzata da van Groningen, *La composition littéraire archaïque grecque*[2], in «Verhandl. Nederl. Akad. Wet.» Afd. Letterk. N.R. LXV 2, 1960 p. 54 che, contrapponendosi all'abitudine di espungere quanto pare disturbare il regolare scorrere della composizione poetica attribuendo l'origine dell'elemento perturbatore a interpolazioni, si domanda come mai al poeta non si attribuisce una libertà e un modo di procedere che un interpolatore invece troverebbe del tutto normali.

[34] Cfr. W. Porzig, in «Kleinasiatische Forschungen» I 3, pp. 379 sgg.; A. Goetze, *ANET*, pp. 125 sgg.; Id., *Kleinasien*[2], pp. 139 sg.

[35] Del resto può essere interessante notare che la *Teogonia* è stata da G. Murray, in «Journ. Hell. St.» 74 (1954) p. 53, considerata come l'accompagnamento e la spiegazione di un rituale di parata di due cerimonie che celebravano l'una la vittoria dei nuovi dèi su quelli antichi, l'altra la vittoria della luce sulle tenebre.

[36] Traduco dalla versione inglese di Goetze in *ANET* cit.

vino, anfore di marnuwan, anfore di wahli. Essa riempì le anfore fino all'orlo.

Inaras andò a Zigaratta, e incontrò Hupasiyas, un mortale.

Allora disse Inaras: «Guarda Hupasiyas! Questo e questo ho bisogno di fare. Avrei bisogno di te».

Allora Hupasiyas disse a Inaras: «Così sia fatto! Fammi giacere con te, e io verrò e soddisferò i tuoi desideri». E si giacque con lei.

Inaras pose Hupasiyas al suo posto e lo nascose. Inaras si acconciò elegantemente e adescò il drago Illuyanka fuori della sua tana: «Guarda, sto facendo una festa. Vieni a mangiare e bere!».

Il drago Illuyanka venne coi [suoi figli] e mangiarono e bevvero. Essi mangiarono e bevvero, e lasciarono secca ogni anfora e spensero la loro sete.

In seguito a ciò essi non furono più capaci di scendere nella loro tana. Venne Hupasiyas e legò il drago Illuyanka con una corda.

Giunse il Dio delle tempeste e uccise il drago Illuyanka, e gli dèi erano con lui...

Versione più recente:

Il drago Illuyanka vinse il Dio delle tempeste, e gli portò via il cuore e gli occhi. Il Dio delle tempeste [cercava di vendicarsi] di lui.

Prese per moglie la figlia di un povero uomo e generò un figlio. Quando questi diventò grande prese per moglie la figlia del drago Illuyanka.

Il Dio delle tempeste diede istruzioni a suo figlio: «Quando tu andrai nella casa di tua moglie chiedi il mio cuore e i miei occhi».

Quando andò là chiese il cuore e glielo diedero. Dopo chiese gli occhi e gli diedero anche quelli. Egli li portò al Dio delle tempeste suo padre, e allora il Dio delle tempeste riebbe il suo cuore e i suoi occhi.

Quando la sua struttura fu restituita al suo stato primitivo, egli se ne andò verso il mare per combattere. E quando ebbe attaccato battaglia col drago Illuyanka gli riuscì vincerlo. Ma il figlio del Dio delle tempeste, che era con Illuyanka, gridò verso il cielo a suo padre:

«Mettimi anche me con lui! Non mi risparmiare!». Così il Dio delle tempeste uccise il drago Illuyanka e anche suo figlio.

Lasciando da parte l'interpretazione dei singoli particolari, come la presenza e l'intervento nelle vicende delle due versioni di un mortale, cose che non ci interessano dato che non hanno nessun parallelo nel mito di Tifeo quale compare in Esiodo[37], è indiscutibile, mi sembra, la diversità di tono del mito ittita rispetto a quello greco. Nella redazione orientale Illuyanka è un mostro che in fondo non fa paura: i lati folcloristici e novellistici sono quelli decisamente predominanti; il fatto stesso che dovrebbe raggiungere il punto più alto della drammaticità del racconto, la iniziale sconfitta del Dio delle tempeste, si trasforma in un motivo favolistico con la sottrazione degli occhi e del cuore del dio e il conseguente stratagemma per recuperarli. Non parliamo poi del tranello escogitato per vincere il drago ghiottone. Tifeo è invece un mostro vero, che combatte con le sue armi, il fuoco e le tempeste, ed è vinto non da tranelli, ma dalla forza di Zeus superiore alla sua[38]. Del resto questi chiari elementi di

[37] Mentre invece mostrano una stretta somiglianza con il racconto di Pseudo Apollodoro e Nonno; su ciò cfr. Porzig in «Kleinas. Forschungen»; A. Lesky, *Gesamm. Schriften*, München 1966, p. 362.

[38] Per questa nostra ricerca, che riguarda esclusivamente Esiodo, non hanno, come si è detto, importanza le somiglianze della figura di Tifeo in Pseudo Apollodoro e Nonno con Ullikummi. Proprio la qualità e quantità delle somiglianze comunque dimostra che, sia per Apollodoro che per Nonno, non è assolutamente il caso di porre un problema del se e come e fino a che punto si tratti di origini e influenze orientali riscontrabili in un mito greco: io direi che ci troviamo piuttosto di fronte alla chiara trasposizione in greco del mito di Ullikummi. Che la fonte di Apollodoro

differenziazione si riscontrano anche fra Illuyanka e Ullikummi. È evidente dunque che Illuyanka è la trasposizione, in termini di novellistica popolareggiante, in forma di saga che festeggia il sorgere dell'anno nuovo, della lotta del Dio delle tempeste contro Ullikummi, cioè contro le antiche divinità spodestate per la supremazia sugli dèi e sugli uomini.

Infine vale la pena di mettere in luce una caratteristica non di poco conto che distingue il Tifeo esiodeo sia da Ullikummi che da Illuyanka, che è questa: il Tifeo di Esiodo è un dio delle tempeste e dei venti; non per nulla egli combatte con πῦρ, πρηστῆρες, e ἄνεμοι [39], al che Zeus oppone βροντή, στεροπή, κεραυνός; non per nulla i venti dannosi hanno origine da lui[40]; ed è questo un dato di fatto che inconsciamente sopravvive a tutte le mutazioni e trasformazioni della figura di questo mostro, sia in divinità vulcanica, come ci testimoniano Eschilo e Pindaro, sia in una specie di personificazione del male quale compare nel tardo ellenismo, perché sempre i Greci chiamarono τυφών un particolare tipo di tempesta di vento caldo, se non infuo-

per questo mito sia un poeta ellenistico mi pare, come ho detto, certo, soprattutto dopo la dimostrazione di Vian, *Le mythe* cit., pp. 28-31, il quale ha ribadito che il Tifeo che appare in Pseudo Apollodoro, Nonno, Oppiano non ha nulla a che vedere con Omero e Esiodo. Ciò non esclude, naturalmente, che la versione di Pseudo Apollodoro possa essere più antica di quella di Esiodo: cfr. Fontenrose, *Python* cit., p. 74; meno accettabile mi pare l'idea di questo studioso che la versione «esiodea» ometta l'iniziale insuccesso di Zeus per rispetto verso il dio: cfr. p. 75.

[39] Cfr. Worms, «Hermes» 1953 cit., p. 30, e, per questa interpretazione di Tifeo come dio delle tempeste, pp. 36 sg.; per tale carattere come derivato dal fenicio Zaphon cfr. O. Gruppe in «Philologus» 48 (1889) pp. 487 sgg. e in particolare pp. 493 sg. Naturalmente da questo risulterà chiaro che non accettiamo l'opinione di Seippel, *Der Typhonmythos* cit., pp. 128 sgg. nel vedere in Tifeo già presso Esiodo i tratti del dio dei terremoti; per Seippel si parlerebbe di terremoti in *Teog.* vv. 839-41.

[40] Sui vv. 869-80 e sul significato degli epiteti κρατερὸς θεός di 824 e ἄναξ di 859 cfr. Worms «Hermes» 1953 cit., p. 37. Con ciò però non è necessario mutare ἄνομος in ἄνεμος, come vorrebbero Wilamowitz, *Herakles* cit., p. 261; Schmidt in *Roscher Lex. s.v.* 1426, 1442; Gruppe, *Gr. Mythol.* II München 1906, p. 846 n. 1.

cato, da Anassimandro[41] a Aristotele[42]. Evidentemente dunque i Greci avevano un loro mito di Tifeo signore dei venti e delle tempeste, che aveva lottato con Zeus, signore del fulmine. Che questa fosse eredità indoeuropea o successiva acquisizione non sapremmo dire e non intendiamo indagare[43]; certo è che i venti avevano in Grecia un loro culto e loro offerte, e, cosa più interessante, il modo di sacrificare e ciò che si sacrificava tradiva, almeno in parte, elementi *chthoni*[44]. Ciò quadra alla perfezione con la circostanza che Tifeo è figlio di Gaia[45].

Per cui la figura di Tifeo in Esiodo (o — per chi così vuole — nel suo antico interpolatore) si presenta già perfettamente compiuta e definita. Ci sono, ripetiamolo, solo alcuni elementi esteriori riguardanti le circostanze e l'ambiente in cui agisce Tifeo che possono trovare qualche punto di contatto con il mito di Ullikummi, e, cosa significativa, alcuni di essi rappresentano proprio quei tratti per dir così gratuiti, o maggiormente estranei all'intima essenza della vicenda della *Teogonia*, quelli che hanno sempre suscitato il più grave imbarazzo e hanno fatto gridare la croce addosso al povero interpolatore: il carattere improvviso della minaccia che Tifeo rappresenta appena nato; il fatto di essere generato da dèi appartenenti a una generazione più antica di quelli che hanno la supremazia in quel momento; il pericolo che Tifeo rappresenta, non solo per il suo diretto antagonista, ma anche per gli altri dèi; l'apparentemente strana posizio-

[41] Cfr. Diels, *Vorsokratiker* I, p. 87, 25.

[42] *Meteor.* 371 a 9; cfr. in proposito O. Gilbert, *Die meteor. Theorie d. gr. Altertums*, (rist. Hildesheim) 1967, pp. 557 sgg.

[43] Per la prima delle due possibilità si pronunzia Vian, *Le mythe* cit., p. 35.

[44] Cfr. Gruppe, *Gr. Mythol.* cit., pp. 845 sgg.; Stengel in «Hermes» 35 (1900) pp. 630 sgg. Male si capisce piuttosto perché Nilsson, nel paragrafo dedicato ai venti della sua storia della religione greca, vol. I p. 106, non voglia riconoscere questo tratto.

[45] In rapporto con questo fatto Lesky, *Gesamm. Schriften* cit., p. 373, mette la circostanza che Ullikummi è generato da Kumarbi e da una roccia.

ne dell'episodio rispetto all'economia generale del poema. Alcuni di questi tratti sono, come abbiamo visto, solo esteriormente simili ai corrispondenti del mito ittita, e a un più attento esame si rivelano sensibili differenze; ma l'importanza della loro presenza non diminuisce per questo, anzi essa rivela l'esistenza di una tendenza intesa ad avvicinare ancor più queste due figure già originariamente simili. E dato che questa tendenza non poteva giungere fino al punto di mutare i tratti fondamentali di Tifeo, poiché, come abbiamo detto, il mito della lotta di Zeus contro il mostro signore dei venti e delle tempeste aveva caratteri già da tempo definiti e difficilmente mutabili, ecco che lo sforzo appare esercitato, piuttosto che nel cambiare, nell'aggiungere all'episodio alcuni tratti che più facilmente potevano esser desunti dal mito orientale: la subitaneità del pericolo rappresentato dal mostro, la collocazione precisa nella serie delle imprese di Zeus.

Parrà necessario pensare che ad armonizzare meglio le due serie di elementi sarebbe certamente riuscito un poeta grande come Esiodo, e che quindi per l'episodio di Tifeo bisogna postulare un interpolatore? Una risposta sicura potrebbe esser data solo se di Esiodo conoscessimo di più, delle sue fonti, della sua maniera di elaborarle, della sua importanza come innovatore. Purtroppo siamo per lo più nella situazione che Esiodo non possiamo che cercare di capirlo con Esiodo e ciò non sempre è sufficiente per raggiungere risultati sicuri. In questo poeta, noi lo sappiamo, le difficoltà non mancano: bisognerebbe essere in possesso di elementi tali da decidere se gli possono essere attribuite anche quelle che appaiono nella *Tifonomachia*.

SOMMARIO

Introduzione	7
Giudizi critici	53
Nota bibliografica	58
TEOGONIA	63
Commento e note al testo	129
Appendice	163

Finito di stampare nel gennaio 2016 presso
Rotomail Italia S.p.A. – Vignate (MI)
Printed in Italy

RCS
Libri

ISBN 978-88-17-12468-3